本书系2020年度国家社会科学基金项目"推动中国实体经济普惠金融发展对策研究"（批准号：20BJY256）的研究成果
本书系2021年大连市科技创新基金项目"大连市科技金融服务平台设计与应用研究"（立项编号：2021JJ13FG93）的研究成果

科技金融与创新发展

——科技金融服务平台设计与应用研究

钱明辉 ◎ 著

吉林大学出版社

·长 春·

图书在版编目（CIP）数据

科技金融与创新发展：科技金融服务平台设计与应用研究/钱明辉著. -- 长春：吉林大学出版社，2023.4
ISBN 978-7-5768-1638-9

Ⅰ.①科… Ⅱ.①钱… Ⅲ.①科学技术—金融—研究—中国 Ⅳ.① F832

中国国家版本馆 CIP 数据核字（2023）第 075380 号

书　　名：科技金融与创新发展——科技金融服务平台设计与应用研究
KEJI JINRONG YU CHUANGXIN FAZHAN——KEJI JINRONG FUWU PINGTAI SHEJI YU YINGYONG YANJIU
作　　者：钱明辉
策划编辑：卢　婵
责任编辑：卢　婵
责任校对：张　驰
装帧设计：三仓学术
出版发行：吉林大学出版社
社　　址：长春市人民大街 4059 号
邮政编码：130021
发行电话：0431-89580028/29/21
网　　址：http://www.jlup.com.cn
电子邮箱：jldxcbs@sina.com
印　　刷：武汉鑫佳捷印务有限公司
开　　本：787mm×1092mm　1/16
印　　张：11.5
字　　数：150 千字
版　　次：2023 年 4 月　第 1 版
印　　次：2023 年 4 月　第 1 次
书　　号：ISBN 978-7-5768-1638-9
定　　价：62.00 元

版权所有　翻印必究

前　言

科技和金融不仅是推动经济持续稳定健康发展的动力源泉，更是支撑现代化经济体系的重要影响因素。目前，科技金融已经成为我国金融体系的重要组成部分，不仅涵盖科技风险投资市场、科技信贷市场、科技资本市场、科技保险市场、科技担保市场等诸多与科技企业发展息息相关的金融市场，还涉及政府引导、科技金融政策等多方面内容。在此背景下，科技金融服务的内涵发生了重大改变，单一的科技金融产品难以满足科技企业日趋多样化的科技金融服务需求，迫切需要建立能够汇聚各方资源，为科技企业提供更为多元化金融服务的平台。

在中国科学院第二十次院士大会、中国工程院第十五次院士大会和中国科学技术协会第十次全国代表大会上，习近平总书记提出"加快建设科技强国，实现高水平科技自立自强"的战略目标，为我国科技创新发展指明了方向。作为科技创新主体，科技企业的生存和发展离不开科技金融政策和科技金融服务的大力支持。科技金融服务平台能够优化金融资源配置，建立企业与金融机构的对接桥梁，让更具发展潜力的优质科技企业获得科技金融政策和资金支持，引导创新要素向优秀科技企业集聚，将优势资源集聚到重点领域，在关键核心技术上取得突破，在重要科技领域实现跨越发展，是实现科技与金融深度融合的重要渠道，是推动我国科技型中小企业高质量创新发展，实现习近平总书记提出的科技创新战略的重要手段。

过去十年间，我国科技企业获得飞跃式发展，科技企业创新主体作用日益增强，我国高新技术企业数量从2012年的3.9万家增长至2022年的40万家，贡献了全国企业68%的研发投入，762家企业进入全球企业研发投入2500强。2022年，全社会研发经费支出首次突破3万亿元，研发投入强度首次突破2.5%，基础研究投入比重连续4年超过6%。我国全球创新指数排名从2012年的第34位上升至2022年的第11位，成功进入创新型国家行列，开启了实现高水平科技自立自强、建设科技强国的新阶段，一批关键核心技术攻关取得突破，国家战略科技力量建设迈出新步伐，创新理念深入人心，覆盖我国社会经济发展各个方面。科技企业作为创新主体，正在释放自主创新的澎湃力量，推动我国经济持续稳定快速增长。

本书立足于科技金融实际需求，以优化金融资源配置，健全科技金融综合服务体系，改善科技型中小企业金融服务水平，推动新时期创新驱动发展战略为目标，完成科技金融服务平台的整体设计方案，包括指导思想、基本原则、总体任务、主要内容、逻辑思路、平台结构和建设方式，以及具体实施步骤和保障措施，并就如何引入科技成果转化核心功能和科技企业评估系统展开积极探索，目的是发挥财政资金的引导撬动作用，实现科技企业创新链条与金融资本链条的有机结合，进而促进科技与金融深度融合，在科技金融供给侧发力，推动我国科技产业创新发展。

钱明辉

2023年3月

目 录

第一章 科技金融与创新发展：趋势与挑战 …………………… 1

一、科技与金融的深度融合 …………………………………… 1

二、科技金融服务主体构成 …………………………………… 3

三、科技金融服务需求特征分析 ……………………………… 12

四、科技金融服务供需矛盾 …………………………………… 14

五、科技金融支持创新发展的重大意义 ……………………… 24

六、加强科技金融服务平台创新发展的必要性 ……………… 33

第二章 科技金融与创新发展：理论与借鉴 …………………… 46

一、科技金融服务模式国际比较 ……………………………… 46

二、科技金融服务体系 ………………………………………… 48

三、科技金融服务质效评价 …………………………………… 52

四、科技金融融合发展 ……………………………………… 56

五、科技金融服务平台运行机制 ……………………………… 60

六、科技金融服务平台运行模式 ……………………………… 62

第三章 科技金融服务平台的中国实践 ……………………… 70

一、科技金融服务平台国内发展现状 ………………………… 70

二、国内优秀科技金融服务平台的核心要素 ………………… 71

三、科技金融服务平台的总体建设目标 ……………………… 72

四、新形势下科技金融服务平台面临的挑战和现实意义 …… 84

五、科技金融服务平台典型案例 ……………………………… 91

第四章 科技金融服务平台建设方案的总体设计 …………… 94

一、指导思想与基本原则 ……………………………………… 95

二、科技金融服务平台建设的总体任务 ……………………… 96

三、科技成果转化平台建设的主要内容 ……………………… 97

四、科技金融服务平台建设的逻辑思路与总体结构 ……… 100

五、科技金融服务平台建设方式 …………………………… 103

六、科技金融服务平台建设的实施步骤与保障措施 ……… 105

第五章 科技金融服务平台科技成果转化核心功能的实现 … 111

一、科技金融服务平台引入科技成果转化功能的重要意义 … 112

二、科技成果转化相关理论 …………………………………… 114

三、科技成果转化主体构成 …………………………………… 119

四、科技成果转化难以落地的根本原因 ……………………… 122

五、科技金融服务平台科技成果转化核心功能设计方案探索 …… 125

第六章　科技金融服务平台科技企业评估系统的引入 …………… 129

一、制约科技企业高质量发展的主要原因 …………………… 129

二、科技金融服务平台引入科技企业评估系统的必要性 …… 132

三、科技企业价值评估相关理论 ……………………………… 135

四、基于人工智能的科技企业评估系统设计方案 …………… 137

五、基于人工智能的科技企业评估系统应用探索 …………… 139

第七章　科技金融推动创新发展的政策建议 ……………………… 142

一、加强科技资源的集聚，形成科技金融服务共同体 ……… 142

二、创新科技金融产品，探索科技金融服务的有效模式 …… 142

三、厘清科技金融服务内在机理，重塑科技金融服务新机制 …… 143

四、发挥中介服务机构桥梁作用，释放科技创新活力 ……… 143

五、促进科技金融平台化，实现科技金融服务标准化 ……… 144

六、科学引入科技企业评价机制，促使科技金融服务精准化 …… 144

七、加强政府、高校与企业有序互动，促进产学研协同创新 …… 145

八、发挥科技金融服务平台引导机制，优化重点产业战略布局 … 145

附　录　科技企业走访调研实施方案……………………………… 146

参考文献……………………………………………………………… 156

后　记………………………………………………………………… 174

第一章 科技金融与创新发展：趋势与挑战

一、科技与金融的深度融合

习近平总书记在党的二十大报告中提到，建设现代化产业体系，坚持把发展经济的着力点放在实体经济上，推进新型工业化，加快建设制造强国、质量强国、航天强国、交通强国、网络强国、数字中国。科技金融作为实体经济持续稳定增长的重要推动力量，通过融合创业投资、银行信贷、多层次资本市场、科技保险等多元化金融资源，共同支持我国科技创新发展，不断拓宽科技金融服务的应用场景，可有效提升促进科技成果转化，培育和发展战略性新兴产业，其重要性日益凸显。

随着新一轮科技革命和产业变革不断深入，尤其是大数据、云计算、人工智能、区块链等新技术的普及，推动了金融的数字化转型，实现科技与金融快速融合发展，在服务我国广大科技型中小企业，打破企业融资瓶颈等方面发挥了重要作用。首先，科技金融是以科技为基础的新金融服务体系，其本质特征是通过利用数字化、智能化手段和工具，创新财政科技投入方式，推动各方金融机构创新金融产品和金融服务模式，搭建科技金融服务平台，实现科技创新链条与金融资本链条的有机结合，降低金融服务双方信息不对称、提高金融服务效率，为科技创新发展提供金融服务和融资支持。其次，科技金融的核心要素是大数据、云计算等新一代信息技术，通过科技企业客户信息采集，结合人工智能等技术手段对客户信息数据进行精准分析和挖掘应用，可为企业客户精准画像，帮助政府部门，以及银行业、证券业、保险业金融机构及创业投资等各类资本，更好地了解客户融资瓶颈、风险偏好、行为特征和发展趋势，以便进一步对接资本，建立多样化的融资渠道，包括政府科技引导基金、政府扶持基金、科技贷款、科技担保、股权融资、多层次资本市场、科技保险和科技租赁等。最后，科技金融作为数字经济时代科技企业金融服务范式，在推动金融数字化转型方面具有独特的优势，可以促进政府、金融机构和各类资本，与科技企业之间形成一种新型信任关系，更为有效地构建信用体系并实现价值传递，为投融资服务提供可信保障，从而完善科技金融生态构建，不断提升科技金融服务规模，加快科技创新步伐。

  科技与金融的深度融合，能够将金融服务注入创新发展的全流程，不断拓宽金融服务的应用场景，为赋能实体经济提供广阔空间。一方面，科技金融能够有效提升实体经济融资的便利性，拓宽金融服务边界，更好地满足各类主体的多元化需求。同时，科技金融有助于构建标准化、规范化、智能化、自动化的金融服务体系，并结合人工智能等技术实现对科技企业进行精准分析和挖掘应用，形成有效资本对接，从而大大提升科技金融服务效率。随着数字技术的深入发展，有利于依托互联网、大数据、人工智能等高新技术构建更为高效、便捷的科技金融服务体系，形成各金融机构及创业投资等各类资本间协同联动机制，提升科技金融业务处理能力，打造更加高效便捷的科技金融服务模式与平台。另一方面，科技金融有利于构建以用户体验为中心的新型数字金融服务模式，提升科技企业获取投融资服务及信贷服务的便捷性和安全性，有效解决信息不对称问题，形成可信安全高效的科技金融服务体系，提高贷款审批效率，规避交易风险，降低科技企业融资成本，不仅能为实体经济发展提供丰富便捷的融资渠道，而且能为实体经济提供风险保障。

在党的二十大报告中，"科技""创新"是高频词，也是未来我国经济社会发展的核心关键词。以科技创新推动数字经济和实体经济深度融合，是以科技创新为核心驱动力。积极推动科技与金融的深度融合，加强数字金融创新，不仅有利于科技创新企业推进关键核心技术攻关，建立健全鼓励支持研发活动创新的体制机制、加大科技成果转化为现实生产力的体制机制，而且有利于提升科技创新核心驱动力，形成创新驱动发展新格局，抓住新一轮世界科技革命带来的战略机遇，从根本上推动我国经济社会向着高质量发展迈进。

二、科技金融服务主体构成

作为国家科技创新体系的重要组成部分，科技金融是科技企业实现创新发展的重要支撑，是推进体制机制创新、优化金融资源配置、更好发挥财政资金引领作用、引导更多金融资源投向科技创新发展的重要渠道，为科技企业提供从初创期到成熟期的多元化金融服务。在科技金融发展初期，科技企业对金融服务的需求主要是信贷和投资，随着科技企业融资需求不断变化，对融资效率的要求越来越高，科技金融也由单一的信贷模式逐步发展成为包括融资、投资、资源对接、风险管理等多个方面的综合型服务体系，涵盖政府、科技企业、银行业和保险业金融机构、创投机构、中介服务机构和第三方平台等多个主体。

（一）政府

政府是科技金融服务主体的重要组成部分，是创新发展的主要参与者和引领者，负责政策引导和推动、组织协调及监督管理、服务保障等职能，通过搭建科技金融组织体系和制定管理制度，不断完善科技企业投融资环境，推动科技金融服务质效提高。

首先，在政策层面，为了有效地促进科技与金融的融合发展，促进我国科技产业的发展，提高我国自主创新能力，各级政府制定科技金融系列政策，包括"双创计划""863 计划"等，这些政策不仅包括为科技企业提供创业基金、科技贷款、补贴奖励、税收优惠等直接支持措施，还能拓宽科技产业化投融资渠道，有效解决当前科技企业创新发展的融资瓶颈。

其次，在组织层面，为了加强对科技企业的管理，各级政府陆续成立了科技金融领导小组、科技金融工作办公室等机构，协调各部门单位之间的工作关系，负责决策并协调落实科技金融政策和相关重大事项，对科技企业提供一站式服务，进一步发挥科技金融促进科技产业化和支持科技型中小企业创新发展的巨大作用。

再次，在制度层面，为加强对科技金融服务的组织协调，更好地促进科技创新和金融支持实体经济的协调发展，政府科技金融主管部门以市场化为导向，以科技创新体制机制改革为动力，全面实施创新驱动发展战略，将推动科技企业创新发展落到实处，为科技金融的融合发展提供保障。一是科技主管部门充分发挥其主观能动性，明确科技金融工作的目标任务，大力支持科技金融工作的开展，通过系列科技金融政策，从财政支持、税收优惠、融资服务等多个方面扶持科技企业的发展。二是科技金融主管部门既是政策的制定者和执行者，同时也是市场规则的制定者和监督者，在科技金融市场中可以发挥更好的监督管理职能，建立健全科技型中小企业信贷风险分担机制，降低科技金融服务带来的金融风险。三是科技主管部门科技金融服务管理内容包括制定相关法规政策，创新财政专项资金运用方式，引导科技金融资源投入，对科技企业提供创业服务、风险投资等支持措施，对金融支持科技成果转化过程中出现的问题进行协调并给予指导和建议。同时，也负责科技金融政策的制定和实施，科技金融服务平台的搭建和监督管理等，推动各方力量为科技型中小企业提供优质、高效的科技金融服务，促进其不断发展壮大。

最后，在资金和税收支持层面，政府作为资金投入者，通过科技经费、财政性科技专项资金、税收优惠等手段引导社会资本参与科技金融发展，包括设立科技型中小企业技术创新基金、创业投资引导基金、地方政府引导基金等，在税收优惠方面，出台了系列税收优惠政策，如财政部印发的《中小企业发展专项资金管理办法》等，有效改善科技型中小企业发展环境，加大对科技金融薄弱环节的投入，突破制约科技型中小企业创新发展的瓶颈。

（二）银行

银行是开展科技金融服务的重要主体，其服务形式主要有两种方式：一是为科技型中小企业提供信贷、担保、租赁及其他综合性金融服务；二是针对科技型中小企业信贷需求，创新形成科技专项信贷产品，为其提供差异化服务。近年来，我国一些商业银行积极探索以"科创贷"等业务为核心的科技金融服务模式，在不违背信贷规律的同时，能够帮助初创科技企业解决初期发展资金不足的难题，又能解决这类业务高风险覆盖的问题，通过不断创新科技金融产品，形成了一些成熟的科技金融服务模式。

从产品角度来看，银行产品主要有股权融资、债权融资（如贷款、债券）

等。其中，债权融资是商业银行传统信贷业务的重要组成部分，在科技金融产品中占据主导地位，由于商业银行面临着市场风险、利率风险以及流动性风险等方面的不确定性，因此需要在风险管理中加强对科技企业信用等级的评价。

在开展科技金融业务过程中，商业银行往往面临着科技企业信息不对称、难以进行准确评估等问题。因此，商业银行需要建立完善的信息系统，加强对科技企业融资信息的收集和分析，增强科技金融服务能力。与地方政府合作，建立科技企业信息库是解决上述难题的有效途径，一方面，可以充分利用当地高新技术园区、科技园、孵化器等创新服务平台的作用，搜集科技企业相关信息，通过对科技企业信息的分析、筛选，为商业银行提供准确的企业信息和客户资料；另一方面，可以进一步推进科技企业信用征信、评级等中介服务体系建设，努力营造良好的科技金融发展信用环境，并且通过构建科技企业信息库，可以加强与税务部门、公安部门等机构的合作，充分发挥其在信息收集和共享方面的优势，能够为商业银行落地科技金融业务提供信息支撑。此外，通过对科技企业信用进行评估、确认后给予一定比例的风险补偿，有利于商业银行与担保公司合作设立科技信贷风险补偿金，为科技型中小企业贷款所产生的本金损失进行有限补偿，提高商业银行对科技型中小企业的科技信贷支持，更好地发挥财政资金杠杆作用，增强金融服务实体经济发展的能力。

（三）保险公司

保险公司在科技金融的发展中也发挥着重要作用，是科技金融主体的重要组成部分，其业务主要是通过科技保险实现的。作为一种准公共产品，科技保险是由科技部与银保监会共同认定的一系列涉及科技活动的保险业务，是运用保险作为分散风险的手段，对科技企业或研发机构在研发、生产、销售、售后以及其他经营管理活动中，因各类风险而导致科技企业或研发机构的各种损失，由保险公司按照合同约定，给予保险赔偿或给付保险金的保险保障方式，常见的科技保险产品包括创业人员人身险、创业企业财产险、创业职业保险、产品责任险等。

我国科技保险业务起步较晚，但发展速度较快，科技保险系列产品也在不断完善。在科技企业发展的不同阶段，保险公司参与度有所差异，对于初创期科技企业来说，由于创业期是初创企业最关键的时期，其风险状况往往是创业成功的最大障碍，而创业成本又比较高，因此，大多数初创期的科技企业缺乏足够的实力来承担创业风险。为了分散和降低因创业失败而导致的损失，不少创业期科技企业选择与保险公司合作，由保险公司为其提供贷款信用保证保险，用于分担创业过程中的资金风险，这种合作方式使得科技型中小企业在初创期能够获得一定的风险保障。保险公司风险补偿机制与商业银行贷款保证保险相结合，为科技型中小企业提供了风险保障。

对于成长期和成熟期的科技企业来说，由于企业规模扩大，实力增强，风险逐步显现。除了一些大型企业通过银行贷款支持，部分中小型科技企业通过信用担保公司获得科技信贷支持之外，一些保险公司则成为银行的"合作伙伴"，以解决科技型中小企业抵押担保难问题。对于成长期和成熟期的科技型中小企业来说，其经营已经比较规范，对于投资回报的要求也很高，银行对其贷款风险容忍度较低，因此在这一时期保险公司成为科技型中小企业重要的外部融资渠道，为科技型中小企业提供了各种与其风险相匹配、不同于传统金融产品的科技金融产品和服务模式。

（四）创投机构

创投机构也是科技金融服务主体的重要组成部分，以支持科技型中小企业为主，以创业投资为代表。创投机构在科技金融中发挥着重要作用，主要表现在以下几个方面。

一是投资理念和价值理念上的引导作用。创投机构通过资金、资源、人才、专业等优势，引导社会资金进入科技型中小企业，助力企业成长。创业投资的本质是一种对创新项目的股权投资，是一种将风险资本引入创新技术领域并进行高风险投资的方式，具有高收益、高风险的特征，要实现风险与收益对称性，需要创投机构进行严格的风险管理，根据企业的特点量身定制投资方案并进行必要的尽职调查。在"投早、投中、投后"三阶段管理中，要不断提高专业能力，建立高效的退出机制。

二是资本与技术双向流动中的推动作用。创业投资作为一种投融资活动，在促进技术与资本有机结合方面具有其他金融工具无法替代的作用。随着科技创新活动的不断发展和科学技术对经济社会影响越发深刻，创业投资与技术创新之间联系愈发密切。科技企业通过创业投资可以获得外部资本和技术支撑，从而进一步提升核心竞争力，在技术创新过程中实现产业化、商业化及规模化。创业投资不仅可以为创新项目提供市场需求、市场培育以及市场拓展等服务，而且可以通过整合创新资源、优化要素配置提高生产效率，降低科技成果产业化成本。

三是实现以创业投资为主的多元化投融资渠道的支持作用。目前，国内创业投资行业发展迅速，创投机构数量不断增长，创投机构不断调整自身功能定位和经营策略以适应市场需求变化，通过股权和债权等多种方式支持科技型中小企业创新发展。

四是推动产业转型升级和区域经济发展的重要作用。从全球范围来看，发达国家在实现产业结构升级过程中，都离不开创投机构的大力支持。当前我国科技产业面临着转型升级的巨大挑战，政府采取积极措施引导创投机构融入科技金融服务体系，可以鼓励各类天使投资、风险投资基金支持企业创新创业，有效促进科技创新创业活动开展，完善科技金融服务运行机制，优化科技创新环境，推动我国科技产业不断发展壮大。

（五）中介服务机构

随着科技金融的不断发展，各类中介服务机构也在不断地完善，逐渐发挥更大的作用，主要包括以下几种。

（1）科技信用评估机构。科技信用评估机构是为科技企业提供信用评估的金融服务中介机构，主要业务包括科技企业的信用评级、征信服务等，这些机构拥有专业的技术和人才优势，能够通过收集企业信息并分析，给出权威的评估结果。

（2）面向科技企业的小额贷款公司。小额贷款公司是由个人或家庭出资成立的一种专门从事小额贷款业务的金融服务公司。我国小额贷款公司数量众多，业务范围广泛。但与发达国家相比，我国小额贷款公司存在资金规模小、资金来源单一、从业人员素质不高等问题。

（3）面向科技企业的担保公司。面向科技企业的担保公司主要是指经政府有关部门批准成立的专门为科技型中小企业和高科技企业提供融资担保服务的政策性担保公司。我国已形成"国家融资担保基金—省级再担保机构—市县融资担保机构"三级构架的政府性融资担保体系，以及地方政府投资的各类信用担保公司。融资担保的核心在于风险分担机制，银担合作是融资担保落地的主流模式，政策性融资担保具有"放大器"功能，能够撬动更多金融资源，助力科技企业快速发展，推动实体经济平稳增长。

（4）创业投资基金。创业投资基金是由专业机构发起设立，目的在于推动企业孵化和产业转型升级，以私募股权形式投资于非上市科技企业的风险投资基金。目前，我国创业投资基金主要包括天使投资基金、VC（venture vapital，创业投资）基金和PE（private equity，私募股权投资）基金，具有较好潜在经济效益、社会效益和成长潜力的新兴科技公司是其主要投资对象。

（六）科技金融服务平台

科技金融服务平台由政府主导成立，以服务科技型中小企业为目的，是连接政府、银行、企业和科研机构的重要桥梁，它不仅为科技企业提供技术改造的融资方案，同时还能通过金融服务平台，向科技企业提供资金支持，为科技企业的发展壮大提供资金保障，以及专家咨询、企业培训等增值服务。科技金融服务平台往往包括专门面向科技企业的银行业保险业金融机构、创业投资公司和风险投资公司，以及各类中介服务机构，如科技信用评估机构、面向科技企业的小额贷款公司、担保公司等，例如全国中小企业融资综合信用服务平台（全国信易贷平台），以及广东省中小企业融资平台、广州市科技金融平台、苏州市科技金融生态圈平台、郑州市科技金融公共服务平台等地方性科技金融服务平台。

科技金融服务平台主要为科技型中小企业提供融资综合服务，帮助科技企业根据其各自的资本结构、经营模式制定不同的融资模式，加强与各金融服务机构、创投机构和中介服务机构的对接，为科技企业提供科技政策服务、金融创新、中介服务等多方位科技金融服务，以及为科技企业提供行业地位、战略布局、核心竞争力、市场化应用前景、企业管理水平提升等多方面企业增值服务。依托于政府的科技金融政策和引导资金支持，绝大多数科技金融服务平台目前已形成较为成熟的科技金融服务模式，包括通过与银行、担保、保险等金融机构合作提供融资服务，以及与创投机构合作开展股权投资活动等。

从合作关系上来看，在科技金融服务平台联合银行开展科技金融服务、银行为企业提供科技信贷过程中，由于部分科技企业轻资产，且风险较高，缺乏抵押物，科技信贷业务无法完全开展，部分地方政府采取了与第三方机构合作的方式进行，由第三方机构协助企业申请贷款审批、贷后管理和风险防控等工作，担保机构为科技企业提供融资担保，银行为科技企业提供贷款支持。

根据《国务院办公厅转发发展改革委等部门关于加强中小企业信用担保体系建设意见的通知》（国办发〔2006〕90号）和财政部、工业和信息化部印发的《中小企业信用担保资金管理暂行办法》等相关文件指示精神，为促进中小企业信用担保机构持续健康发展，有效解决科技型中小企业融资难和担保难等问题，需建立健全担保机构的风险补偿机制，完善担保机构税收优惠等支持政策，推进担保机构与银行业保险业等金融机构的互利合作，切实为担保机构开展业务创造有利条件。

科技金融服务平台主要为科技型中小企业提供资金支持，同时也为科技型中小企业提供增值服务，其投融资运作流程主要分为两个阶段：一是以政府出资的引导资金为启动资金，通过向创投机构提供贷款等方式，直接为科技型中小企业融资；二是在融资到位的基础上，再通过政府出资的引导资金作为增信措施，帮助科技型中小企业从创投机构获得股权融资。

（七）科技企业

科技企业是我国科技金融服务的重要对象，由于自身抗风险能力较弱，往往无法获得银行信贷等传统金融机构的资金支持。科技企业一般为创新型企业，以知识产权为主要资产，运用高新技术，从事科学技术研究，其从事的业务往往是技术性的而非商业性的。我国科技企业的资金来源主要有国家财政拨款、自筹资金、间接融资和直接融资，随着科技企业从初创期过渡到成熟期，其经营范围不断扩展，研发经费投入逐渐扩大，所需要的资金规模也越来越大。当前，我国科技企业在进行融资时，普遍面临着一些障碍：一是科技企业大多轻资产，缺乏抵押物，银行贷款额度有限；二是商业银行对科技企业缺乏信用记录，无法根据其经营情况进行贷款授信和信贷管理。科技金融服务平台能够较好帮助科技企业解决上述难题，可以为科技企业提供较多的资金支持。因此，大力发展科技金融服务平台，创新科技金融服务产品，优化科技金融服务模式，拓宽科技企业融资渠道、改善科技企业融资环境势在必行。

三、科技金融服务需求特征分析

随着新技术革命和全球产业变革步伐加快，科技创新重要性与日俱增，有效地推动了我国经济快速发展和社会持续进步。世界各国高度重视科技创新发展，将创新驱动作为提高自身综合竞争实力，取得发展先机的重要手段。2016年5月30日，习近平总书记在全国科技创新大会、中国科学院第十八次院士大会和中国工程院第十三次院士大会、中国科学技术协会第九次全国代表大会上提出了我国创新发展的总体目标："到2020年时使我国进入创新型国家行列，到2030年时使我国进入创新型国家前列，到新中国成立100年时使我国成为世界科技强国。"

目前，我国已成功跻身于世界创新型国家前列，开启了实现高水平科技自立自强、建设科技强国的新阶段。建设创新型国家，需要树立科技创新的引领地位，以推动科技创新为核心，充分发挥科技创新与制度创新功能和作用，落实促进科技创新的各项科技政策，推动科技体制深化改革，从而保障我国建设世界科技强国目标的顺利实现。在此过程中，科技创新对科技金融服务创新的需求十分迫切，唯有金融创新与科技创新协同配合，才会构成科技进步和经济增长源源不断的动力，实现经济社会持续健康高质量发展。

第一章　科技金融与创新发展：趋势与挑战

近年来，随着不断深化科技体制机制改革，坚决贯彻实施创新驱动发展战略，有效促进了我国科技产业高质量发展，特别是多种激励措施不断落地，如设立科技创新基金、加大科技经费投入、加大高层次人才支持力度，有效调动了科研人员的积极性，我国科技型中小企业的数量和质量都获得了较大提高。同时，科技企业不断增长的融资需求与企业快速发展的矛盾也在不断加深，严重阻碍了科技企业进一步高质量发展。其一，大多数科技企业缺乏抵押物，很难获得有效的金融支持，融资难、融资贵问题不断出现。为此，李克强同志多次强调，要加强创新政策先行先试，鼓励商业银行在国家高新区设立科技支行，支持开展知识产权质押融资。其二，一些成长速度快的优秀科技企业无法获得足够的金融支持，不能有效增加研发投入，无法进行技术升级和创新变革，企业发展陷入了停滞。其三，科技型中小企业存量小、增长慢等问题不断凸显，面对当今复杂严峻的世界经济形势，由于缺乏资金保障，部分科技型中小企业经营面临一定风险，给我国科技产业的健康高质量发展带来一定的挑战。

通过梳理科技金融服务需求特征，可以发现以下几点。一是科技型中小企业存在多样化的科技金融服务需求，需结合科技型中小企业自身特点，建立更多金融产品和服务方案。二是科技企业在研发和创新活动中需要大量的资金投入，这是企业发展的重要资金保障。政府为了帮助初创企业获得资金支持，一般会采取财政补贴、融资担保、贷款贴息、项目补贴和奖励等方式，并提供科技创新相关政策来促进科技企业的成长，确保科技型中小企业在创业阶段得到更多资金投入。三是从对科技贷款的选择来看，科技企业对于知识产权质押融资、信用贷款以及联保贷款的偏好程度依次降低，在科技金融服务体系中，知识产权质押融资和信用贷款是科技企业较为普遍的融资方式。四是科技资本市场的发展可以为科技型中小企业提供更多融资渠道，依托科技金融服务平台，打通科技创业风险投资渠道，能够有效缓解初创期、中期科技企业资金短缺难题，在促进科技创新发展方面具有积极意义。五是科技保险需求主要包括两方面，一方面是针对科技企业自身风险管理的科技保险产品，包括专利、软件著作权以及其他无形资产等，另一方面是针对科技企业发展过程中所面临的各种不确定性而设计的风险产品，如自然灾害险和意外事故险等。六是科技企业对科技金融服务的需求没有完全摆脱传统贷款模式和投资模式，融资渠道和融资需求呈现出多样性特征，政府为科技型中小企业提供更多的科技政策支持，但在资金供应方面，银行贷款额度有限，对科技型中小企业信贷审批手续相对复杂，并且银行与科技型中小企业合作不够紧密，缺乏灵活的融资方案，信用担保与信用基金发展相对滞后。

四、科技金融服务供需矛盾

在"十四五"时期，我国将深入实施创新驱动发展战略，深入推进供给侧结构性改革，着力构建新发展格局，推动经济社会发展实现质量变革、动力变革。在"双循环"经济发展新格局下，作为高质量发展的重要支撑，科技金融与科技产业的深度融合将迎来重大发展机遇。但科技金融服务供需矛盾阻碍了这一进程，迫切需要解决这一难题，推动科技金融与科技产业实现深层次融合发展。

首先，科技金融服务供需矛盾主要体现在以下三个方面。

一是从银行端来看，科技金融服务供给能力与需求不匹配。近年来，由于我国金融服务模式的不断创新和科技创新成果转化速度加快等原因，传统银行信贷模式已经难以满足各类创新创业主体对科技金融服务的需求。从科技企业端来看，科创企业轻资产、弱担保的特点决定了其与传统信贷模式存在较大差异。尤其是很多科技型中小企业缺乏与金融机构之间

第一章　科技金融与创新发展：趋势与挑战

的对接渠道，缺乏畅通的融资渠道等问题，严重制约了初创期科技型中小企业的快速发展。

二是从资本市场来看，资本市场对科技创新企业支持力度不够。由于存在着直接融资与间接融资比例失调等问题，间接融资普遍对创新型企业支持力度不足；资本市场在服务科技型中小微企业方面存在着发展不充分、不平衡等问题，从投资机构端来看则更是如此；由于初创期科技企业大多处于起步阶段，无法对其发展潜力进行科学评估，导致了投资机构难以有效识别，无法做出合理投资判断；由于资本市场缺乏对科创企业相关科技创新成果转化渠道，这大大制约了风险投资机构对科创企业的有效投资。

三是从保险市场来看，科技保险体系还不完善。尽管近年来我国保险行业发展迅速，但从保险行业与科技创新融合情况来看还存在着市场渗透率低、发展不充分、同质化严重等问题。保险业自身也存在着创新不足等问题，保险行业提供科技保险产品服务的能力不强、种类不多等问题制约了保险业参与科技创新的深度和广度，在一定程度上制约了科技企业创新发展。

在科技金融服务供需矛盾中，科技信贷不足无疑是当前最为突出的，然而由于商业银行现行考核机制对科技企业信贷投入的约束不足、科技信贷专业人员紧缺等原因，导致银行难以为有科技金融服务需求的科技企业提供有效的金融服务。此外，由于缺乏统一高效的信息共享平台和无法充分发挥市场在资源配置中的决定性作用等原因，使得银行难以为处于"双创"期和成长期、具有良好发展前景的科技企业提供充足且高效的金融服务。

其次，近年来，我国科技金融服务能力得到明显提升，但由于科技金融服务供给的供需矛盾，严重影响了科技金融服务能力的进一步提升。

一是企业融资难与银行贷款难并存。近年来，国家先后出台多项政策措施，改善科技型小微企业融资环境，缓解科技型小微企业融资难、融资贵问题，取得了一定成效。但由于存在银行信贷等传统金融产品供给不足、针对中小企业创新发展的金融服务供给不足、面向科技型中小微企业的融资产品供给不足等问题，导致企业融资难与银行贷款难并存。

二是银行信贷"惜贷"与企业贷款"敢贷"并存。从银行层面看，长期以来，由于我国贷款担保体系不健全、风险补偿机制不完善、商业银行自身考核机制不合理等原因，部分商业银行对小微企业信贷风险容忍度较低，在"审慎经营"原则下，银行对科技企业发放贷款动力不足。一些银行推出的信贷产品不能及时满足科技企业的融资需求。另外一些银行出于风险控制需要而不愿向科技型中小微企业提供贷款或提供优惠利率，这无疑会增加企业的信贷成本。从企业层面看，很多科技型中小微企业在获取资金、扩大生产规模和寻求技术突破等方面的需求与传统金融产品存在矛盾。

三是科技保险"不能保"与科技保险"不愿保"并存。长期以来，我国科技保险主要依靠政府财政补贴支持，缺乏市场化、商业化运作机制，对企业科技创新支撑作用发挥不明显。近年来，在国家鼓励创新的政策引导下，科技保险有了较大发展，但由于缺少专业性的风险管理机构、市场中介机构和相关服务提供商等"第三方"力量参与服务和监督管理，风险分担机制不完善等原因，目前的科技保险大多只能提供保费补贴或者是通过政府采购等方式支持一些面向科技型中小微企业的保险产品，科技保险创新有待加强。

四是直接融资渠道不畅与间接融资需求无法得到充分满足并存。随着我国多层次资本市场体系逐渐完善以及支持股权融资的政策文件出台和实施，国内资本市场为科技型中小企业提供的直接融资渠道不断拓宽，但由于我国科技型中小企业普遍存在规模小、实力弱、研发投入大等问题，企业融资渠道仍然相对狭窄，大多数科技企业只能通过间接方式融资。

五是科技金融政策"缺位"与市场主体参与不足并存。目前在政策层面上主要存在政府财政支持资金使用效率低、支持力度不平衡等问题，很多财政资金还未真正转化为有效的创新动力。从市场主体层面看，当前主要存在两个问题：一是由于科技金融服务需求无法得到满足，市场主体参与不足的问题不断凸显；二是政府层面对科技金融服务供给与需求矛盾的解决办法和政策措施尚不完善。

六是"投贷保""投贷联动""股权融资""科技保险"等融合发展机制未充分发挥作用。当前我国科技型中小企业普遍存在缺乏有效抵押资产、财务数据不规范等问题，金融机构对企业贷款风险控制要求较高；但银行在信贷业务中难以有效识别和评估科技企业的风险；针对科技型中小企业的股权融资在渠道、市场等方面存在一定障碍；保险机构目前对于科技型中小企业贷款仍有较大限制。目前部分地方政府还没有建立起以政府为主导的科技金融服务体系。因此，迫切需要建立政府、银行、保险、证券等机构之间的协同机制和合作机制，在资金资源整合方面取得突破性进展。

再次，从科技金融服务供需矛盾内在机理来看，科技金融服务供需矛盾本质上是供给与需求的不平衡，主要表现为以下几点。

一是金融机构经营理念滞后，信贷决策与风险评估体系落后。对科技企业而言，科技金融服务需求呈现出多层次、多样性的特征。金融机构往往仅基于银行的内部信用评级体系和财务指标来评价企业的信用等级，忽视了企业所处产业环境、技术研发等因素，不能满足企业多层次融资需求。科技金融服务供给主体数量少且规模小，没有形成与科技产业深度融合的科技金融服务体系。

二是科技金融机构资源配置失衡，难以满足企业多层次融资需求。多数科技型中小企业是"轻资产"经营模式，导致企业普遍存在银行难以了解、缺乏抵押物等问题。当前我国多层次资本市场还不完善，创投机构对科技型中小企业金融支持能力有限。同时，政府在支持创新创业方面主要是通过政策优惠引导社会资金支持创新创业，财政资金的杠杆作用仍然不明显，而银行信贷仍然是科技型中小企业获得资金支持的主渠道。

三是科技企业缺乏有效抵押担保物，科技金融服务发展缺少关键支撑，我国科技金融服务存在明显短板：一是信贷产品单一，难以满足科技型中小企业多元化融资需求；二是政策性融资担保体系尚未建立，科技企业担保体系有待完善；三是政策性担保机构发展缓慢、竞争能力不强，服务能力有待提升；四是信用体系建设滞后于科技产业的快速发展与科技金融业务增长需求；五是科技信贷风险分担机制缺失。

四是企业融资成本高。一方面表现为银行"惜贷"，降低了科技型中小企业贷款意愿；另一方面表现为银行对科技型中小企业信用风险评估不足，导致银行贷款审批流程复杂、周期长、审批成本高。此外，一些科技型中小企业由于缺乏财务制度和有效抵押担保物而难以获得贷款。

最后，"十四五"时期，我国将进入科技创新发展新阶段，科技金融服务供需矛盾将成为制约我国经济高质量发展的关键因素。因此，需要通过多项措施化解科技金融服务供需矛盾。

1. 加强金融供给侧结构性改革，增加科技金融服务有效供给

一是以金融供给侧结构性改革为主线，加快发展多层次资本市场。目前我国资本市场规模不断扩大，但结构不尽合理，创业板、新三板市场的功能仍不健全，需要加快发展。同时，要完善债券市场结构和制度。推动企业上市和挂牌，建立多元化的企业上市（挂牌）融资渠道，提高企业直接融资比例。同时，完善新三板、区域性股权交易中心制度。

二是探索政策性融资担保体系建设。目前，我国已经形成了以政府性

融资担保机构为主、其他融资担保机构共同参与的政策性融资担保体系，但这种模式仍存在不足之处：风险分担机制不明确；政银之间缺乏有效沟通协调机制；财政资金规模小且使用效率低；融资担保机构缺乏竞争能力；财政资金杠杆作用较弱。需建立健全政策性融资担保体系与多层次资本市场相融合的科技金融服务体系。

三是完善科技企业信用制度和信息共享机制，大力推进社会信用体系建设。当前我国正积极推动社会信用体系建设工作，应将科技型中小企业知识产权质押贷款等科技金融服务纳入建设范围，加强科技型中小企业信用管理和知识产权的评价工作，完善信用评价指标和评级标准体系；强化科技型中小企业经营发展情况和知识产权等信息归集、共享、应用；加快构建融合科技型中小企业经营信息和知识产权信息的科技金融服务平台；完善科技企业信用档案和征信体系。

2.建立健全科技企业信用体系，提高金融资源配置效率

科技型中小企业信用体系建设需要政府、金融机构和科技企业三方共同努力。目前，我国信用体系建设缺乏统一的法律依据，主要依靠部门规章来规范和约束市场主体行为。特别是我国资本市场还不成熟，资本市场缺乏统一的征信和评级机构，各地区科技金融信息存在不对称和不透明等问题，直接影响了科技企业信贷资产风险定价能力。因此，需要政府采取搭建科技企业信用信息平台、完善信用担保机制和健全信用评级制度等措施为科技金融提供基础条件。

一是政府搭建平台、完善制度，提高信用信息归集效率。目前，我国科技园区数量较多，且大多有自主管理权限的科技园区已基本完成了基础设施建设，具备了开展信息归集工作的条件。因此政府要充分发挥其统筹协调作用，建立科技园区公共信用信息平台；进一步完善科技园区内科技型中小企业、科技企业研发中心、重点实验室等信息档案；加强对科技型

中小企业和科技企业研发中心的政策引导；并向社会开放科技企业信用信息；鼓励和支持有条件的地方政府建立科技园区公共信用平台。

二是金融机构健全制度、提升能力，强化信用评级机制。第一，从组织架构上规范银行对科技型中小企业的信贷管理流程。商业银行应建立专门的授信工作团队，负责科技型中小企业融资项目的贷前调查、贷中审查与贷后管理等工作；科技企业也要建立相应组织架构，负责科技项目的申报与审批、资金需求预测、信贷方案制定与实施等工作。第二，银行要建立科学合理的信贷管理流程。商业银行在开展信贷业务时，应根据科技型中小企业发展特点、行业背景、历史业绩和未来前景等因素进行综合评估；充分发挥政府相关部门数据和信息资源优势，建立科技型中小企业信用档案；加强内部信用评级机制建设与风险防控；同时结合实际情况，及时修订相关信贷管理制度与办法。第三，科技企业应提高管理水平、提升信用意识与能力，包括要重视财务管理能力建设；要完善内部信用评级机制与体系建设；加强法律法规意识，合法合规经营。

3.完善科技型中小企业融资担保体系，构建多元化风险分担机制

我国现有科技担保公司普遍规模小、实力弱，担保能力较弱，对科技型中小企业担保能力有限，当前科技金融产品主要依托科技信贷和信用贷款形式进行创新，而科技企业因自身缺乏有效的抵押担保物难以获得银行青睐。为解决科技型中小企业融资难问题，应通过设立专项基金支持科技型中小企业融资担保机构发展。同时，应鼓励金融机构建立科技信贷专营机构和科技贷款担保基金。

4.发挥政府的引导作用

政府可以通过设立专项资金、财政补贴和税收优惠等方式，引导银行、担保公司、信托投资公司等金融机构为科技型中小企业提供融资支持。同时，建立科技型中小企业政策性担保体系，政府可对创业投资机构给予一

定比例的风险补偿,从而缓解科技型中小企业融资难问题。同时,应给予创新型企业更多的优惠政策和资金支持。例如,在税收优惠方面,对新技术产品开发进行资助的企业,可以减免增值税;对新技术产品研究开发进行资助的企业,可抵减所得税;对企业购进用于新技术产品研究开发的设备所需缴纳的税款可以予以优惠。在贷款贴息方面,对科技型中小企业贷款进行贴息补助。

5. 加快培育多元化的投资主体

要积极发展天使投资、股权投资等,丰富投资主体。建立规范的市场机制和政策引导机制,吸引更多的社会资本进入,积极培育天使投资人群体,推动技术、资本和人才在更大范围内的流动与优化配置。在此基础上,要加大对创新型科技企业的支持力度,降低企业融资成本。

一是发挥政府资金的引导作用,积极支持各类资本投资科技企业,发挥其资金集聚效应。同时,引导资本投向天使投资、创业投资等领域,有效解决初创期科技型中小企业融资问题。

二是加大财政对科技金融体系建设的投入力度。对国家自主创新示范区、国家级高新技术产业开发区及各类高新区等在科技金融工作中取得成绩的地区,给予一定资金补助;对科技型中小企业、高新技术企业等在科技金融工作中取得显著成效的地区和企业进行奖励。

三是支持发展金融控股公司。应引导商业银行等金融机构组建专注于服务科技创新的金融控股公司,发挥其在资金供给、风险分散和规模经营等方面的优势,提升我国科技创新领域金融供给能力,为我国科技型中小企业发展提供全方位支持。

四是构建风险投资服务体系,继续推进多层次资本市场体系建设。鼓励和引导创业投资基金、风险投资基金等社会资本在创业板、科创板等多层次资本市场挂牌上市或实现股权退出。

6. 推进风险投资制度建设

鼓励设立风险投资基金。在我国，风险投资基金作为一种新兴的机构投资方，发展还不够成熟，其制度建设与监管方式仍需不断探索。因此，应从以下三个方面入手。第一，完善风险投资相关法律制度。我国应尽快完善风险投资相关法律法规，明确规定风险资本的来源、种类、退出、管理等内容，使其具有明确的法律依据与规则。第二，推动市场化运作机制建设。政府要积极发挥引导作用，但不能干预其具体运作，应建立以市场为导向的风险资本运营机制。第三，完善风险投资服务机制，健全多元化的投融资服务体系，培育良好的资本市场环境。

7. 构建风险投资监管与促进机制

一是加强对风险投资的监管。应加快风险投资领域立法进程，保障相关法律的稳定性与权威性；建立风险投资统计制度，完善风险投资信息披露制度，建立投资者保护机制，进一步加强对风险投资的监管；同时要建立有效的问责机制。强化监管机构在项目筛选、项目评估、过程管理中的责任，从而规范和约束风险投资活动。另外，要加大对不作为、乱作为等行为的处罚力度，打击不正当竞争行为。

二是完善风险投资促进机制。完善对风险投资的税收优惠政策和补贴政策；充分发挥政府引导基金对创业投资的撬动作用，通过政府引导基金来引导更多资本投向科技企业；建立多层次资本市场，逐步实现主板、创业板、科创板之间的流通与转换；加快培育创业投资机构和资本市场中介机构。

三是完善风险投资退出机制。规范风险投资的退出机制，为风险投资提供"买者自负"的退出渠道，有效提高风险投资资金使用效率；从宏观层面和科技产业发展角度考虑，尽快制定适合我国国情的创业投资相关法律法规及配套政策。

8. 健全多元化科技金融服务市场体系，提高科技金融服务水平

市场体系不健全是导致我国高科技企业融资困难的主要原因，应加快推进创业板市场和全国中小企业股份转让系统（新三板）建设，完善多层次资本市场，建立中小企业股权交易市场，为科技企业提供融资和股权转让渠道。此外，还应加大对科技型中小企业的金融扶持力度，重点支持科技型中小企业研发投入、人才引进和技术创新，不断提高科技金融服务水平，为科技型中小企业提供精准的融资产品和金融服务。

9. 大力发展科技保险与担保业务，不断创新科技金融产品与服务形式

为有效缓解科技企业融资困难问题，可以通过大力发展科技保险与担保业务，对科技企业进行融资担保，分担融资风险，创新科技金融产品和服务形式，降低科技企业融资成本，在拓宽科技型中小企业融资渠道的同时，不断提高科技金融服务效率与质量。

10. 改善科技金融服务供需矛盾的政策支持

一是发挥政策导向作用。强化财政政策的导向作用，完善科技创新领域财政专项资金管理，加大对科技创新的支持力度。坚持市场化运作，激发社会资本活力，通过设立国家科技金融创新投资基金等方式，支持科技金融业务发展。

二是发挥市场资源配置作用。强化金融市场在科技金融资源配置中的决定性作用，发展以资本市场为核心的多层次资本市场体系，形成资金、人才、技术等要素高效聚集和流动的良性循环，提高科技金融资源配置效率。

三是强化协同配合机制。推动政府、银行、保险、创投等机构协同配合，探索建立风险共担、利益共享机制。各部门应落实好已经出台的政策措施并总结经验，结合实际进一步完善科技金融服务供给体系。

五、科技金融支持创新发展的重大意义

科技金融是金融与科技深度融合的产物，是适应我国科技创新发展趋势、破解企业创新发展难题的重要手段。金融是现代经济的核心，科技是现代经济的引擎。只有把两个"轮子"一起转起来，才能更好地推动我国经济高质量发展。实施创新驱动发展战略、推进科技创新与金融相融合是实现我国经济高质量发展的必然要求，也是促进经济高质量发展的重要动力。

1. 有利于加快实施创新驱动发展战略

从全球范围来看，创新已成为经济社会发展的决定性力量，各国纷纷把创新驱动发展战略摆在国家发展全局的核心位置，旨在通过科技创新实现产业的转型升级，全面提升国家科技竞争力。当前，我国正处于"两个一百年"奋斗目标的历史交汇期，开启全面建设社会主义现代化国家新征程，向第二个百年奋斗目标进军。在此背景下，实施创新驱动发展战略，加快推进科技创新与金融深度融合发展，有利于提高我国科技创新能力、建设现代化经济体系、促进经济高质量发展。

2. 有利于提升我国科技创新能力

党的十八大以来，我国实施创新驱动发展战略，持续加大科技投入，推动科技创新能力不断增强，取得了显著成效。一是重大科技成果不断涌现；二是科技创新对产业发展的支撑作用日益增强；三是科技创新国际合作不断深化；四是国际影响力不断提升，从技术引进到技术输出再到技术投资，我国创新能力不断提升。

目前，我国已成为世界第二大经济体、第一大工业国、第一大货物贸易国、第一大外汇储备国，但在许多核心领域与发达国家差距较大；我国已进入创新型国家行列，但仍面临基础研究能力不足、原始创新能力不强、

重大原创性成果少等问题，亟须加快推进科技创新与金融深度融合发展，促进科技与金融资源高效对接与配置。

3. 有利于加快建设现代化经济体系

我国经济发展存在两个难题，一是结构性问题突出，二是增长动力不足。在新发展阶段，必须通过科技创新和制度创新驱动我国经济转向高质量发展，提高供给体系质量与效率，推动实体经济与现代金融、人力资源、市场需求有效融合，形成需求牵引供给创造需求的更高水平动态平衡，在这个过程中，资本在优化资源配置方面发挥着重要作用。金融是现代经济的核心，也是推动经济发展的重要力量。科技创新、金融支撑是产业升级的重要推动力，科技金融发展能够为经济创新发展提供新动能。科技创新和金融资源配置具有高度关联性，需要形成两者之间的良性互动。

4. 有利于促进经济高质量发展

中共中央、国务院发布的《质量强国建设纲要》，是为全面建设社会主义现代化国家、着力推动经济社会高质量发展作出的重大决策部署，是贯彻落实党的二十大精神，在新时代建设质量强国的重大举措。在这样的时代背景下，创新驱动发展战略是推动高质量发展的主要途径，是实施建设质量强国的必由之路。而科技创新离不开金融的支持和服务，科技与金融融合能有效地解决科技创新的风险大、成本高等问题，有利于降低企业研发和产业化的成本，推动科技企业实现产业升级，全面提升产品和服务质量，促进生产、流通、消费等环节循环畅通，有助于构建新发展格局，推动国民经济实现跨越式发展。

5. 有助于满足科技创新发展的强大需求

长期以来，我国科技金融服务体系建设滞后于科技创新发展需求。具体表现如下。

一是科技金融组织体系不健全，与企业需求脱节。我国科技金融组织体系主要以银行为核心,以企业为主体的科技金融组织体系尚未建立起来,无法适应新技术发展对科技创新的巨大需求。一方面,银行机构在向科技企业提供融资方面存在信息不对称问题,风险难以有效评估;另一方面,科技金融服务供给存在结构性短缺,比如科技型中小企业融资难、银行缺乏针对科技型中小企业的产品和服务体系等。由于银行不愿意承担科技金融风险责任,风险补偿机制无法有效发挥作用。

二是政策体系不完善、针对性不足。我国对科技创新的政策支持主要以"补齐短板"为导向,对发挥财政资金引领作用和激励引导作用重视不够。在财税政策方面,存在支持政策力度不够、税收优惠落实困难、财政补贴资金分散等问题;在金融政策方面,存在商业银行对科技型中小企业贷款实行高门槛、贷款成本高等问题;在人才政策方面,存在缺乏高端人才的高端激励政策和培养创新人才的技术移民机制等问题。这导致了一些创新型企业得不到及时支持的问题,使得技术研发投入不足、创新动力不足等问题更加突出。

三是政府投入机制不完善、资金引导作用有限。虽然我国财政在科技投入方面一直保持着较高的增长速度,但财政投入中用于科技创新的部分只占政府支出总额的一小部分。主要原因在于以下几点。其一,政府支出范围比较狭窄。我国财政支出范围主要集中在基础设施和社会保障方面,对科技创新支持力度较小。其二,政府支出结构不合理。基础设施和社会保障等领域资金投入占财政支出比例较大,而其他科技创新领域投入不足。其三,政府资金引导作用有限。政府资金主要是通过财政预算起到引导作用,但由于大部分预算用于"补短板""惠民生"等领域,资金使用效率不高。

四是金融服务体系不完善、服务水平不足。首先,科技金融服务体系不完善。由于我国传统金融体制的束缚,银行机构对科技企业支持力度不足。其次，担保制度不完善、担保体系不健全等问题都制约着信贷资源向科技企业流动。再次，投资机构缺少专业化、市场化的投资工具。由于缺乏专业化的金融投资机构和基金管理公司等组织，投资风险防范机制不健全。最后，资本市场体系不完善也制约了科技金融的发展。

实施创新驱动发展战略、推进科技创新与金融相融合，能够促进科技金融服务体系建设与科技创新发展需求相协调，提高金融机构服务科技创新能力，推动国民经济实现高质量发展。

6. 培育创新发展的金融环境

科技金融的发展需要良好的政策环境和金融环境，构建支持创新发展的金融环境，就是要让企业、政府、社会、个人在政策层面形成合力，最大限度地降低创新活动中的交易成本。为此，一是要制定更加优惠的政策，增加政府对科技创新的支持力度，提高资金使用效率，强化政策支持，让企业能够尽快享受到改革创新带来的红利。二是要不断完善科技金融制度。通过优化科技信贷管理体制和机制，加快建立市场化运作、专业化服务的科技金融服务体系；加快完善政策性贷款和政府补助相结合的多元化融资渠道；推动创业投资引导基金、产业投资基金等各类金融机构发展；加强政府在财税、信息网络等方面的支持力度。三是要营造良好的创新环境。以信用体系建设为核心，完善征信服务和信用评价体系，为信用记录良好、经营业绩突出、创新能力强的企业创造条件；加快建立规范有效的创新综合评价体系，使评价结果作为对金融机构授信审批和创新业务选择的重要参考。四是要优化发展环境，建立风险投资服务平台和信息共享平台，为企业融资提供良好环境。

近年来，我国科技创新能力和水平不断提高，科技实力大幅跃升，在一些重要领域和关键环节已经进入世界先进行列，但与部分发达国家相比，仍存在一定的差距。我国经济社会发展正处于新旧动能转换、产业结构调整和转型升级的关键时期，也是培育发展新动力、寻求新突破、实现新跨越的关键期。创新能力薄弱、创新能力不足已经成为制约我国经济社会可持续发展的瓶颈。部分行业、领域和地方存在创新动力不足、投入偏低、运行成本较高等问题，主要表现在以下几方面。

一是法律法规体系不完善。我国目前尚无针对科技创新的专门立法，《中华人民共和国促进科技成果转化法》及修正案对科技成果转化做出了明确规定，但在法律层次上还不够全面。

二是财政扶持机制有待完善。国家在基础研究投入、人才培养和支持创新创业方面的财政支出力度偏小，对重点领域的研发投入不足，在国家科技计划中的经费投入也较少。

三是金融支持力度不够。我国直接融资比重仍然偏低，且直接融资渠道不畅。银行贷款仍是企业获取资金的主要方式，贷款周期长、风险大、回报低，企业缺少"造血功能"。同时，与市场接轨的知识产权质押贷款、并购贷款等金融产品少，科技保险等金融产品仍处于起步阶段，风险补偿机制和信用担保体系还不完善，一定程度上制约了科技企业融资和创新创业的能力。

四是科技人才严重不足。我国具有高层次科技人才优势的青年创新创业团队和高水平创新型领军人才紧缺，在高端芯片、新材料等关键领域缺乏一批能够引领行业发展的领军人才和创新团队。

科技金融支持创新发展是新时代国家创新驱动发展战略，是实现质量强国的重要组成部分。近年来，我国科技金融工作取得显著进展，科技金融服务能力和水平明显提高，但与科技创新对高质量发展的要求相比，还有不少差距，需要不断改革创新。在此过程中，要在中央层面加强顶层设计，协调各方面力量系统推进；要注重市场体系建设、组织协调和制度完善，为科技金融发展创造良好条件；要加强对金融机构的引导和培育，推动构建多层次融资市场；要着力建设高素质专业化的工作队伍，提高政策执行能力和工作效率。为充分发挥科技金融对创新发展的支撑保障作用，需采取以下措施。

1. 优化金融资源配置，推动创新发展

科技金融是将金融与科技结合，为科技创新提供全方位的金融服务。一方面，科技创新需要大量资金投入，而我国金融体系总体上存在"重融资、轻投资"的倾向，无法有效匹配科技创新企业的融资需求。另一方面，传统的直接融资方式难以满足日益增长的创新创业企业的需求，迫切需要通过科技金融来推动科技创新。在实践中，我国很多地区都通过政府引导基金、风险投资、知识产权质押、股权质押等方式来促进科技创新与产业发展。然而，我国目前还存在着政策支持力度不够、风险分担机制不健全、缺乏专门针对高新技术企业的金融产品等问题。要解决这些问题，就必须整合政府与市场的力量，推动科技金融与产业深度融合发展，为企业提供更加全面完善的金融服务。

2. 加大政策支持力度，降低企业融资成本

我国现行的科技金融扶持政策主要集中在银行信贷层面，而我国融资结构中，中小微企业的融资成本较高，尤其是在当前经济下行压力较大、企业经营普遍困难的背景下，这一问题更加突出。因此，要降低企业融资成本，就必须从政策层面解决这个问题。具体来看，应加强对银行的政策倾斜，允许银行在信贷标准和程序上对科技型中小企业采取更加灵活的方式。同时，为应对金融危机可能带来的负面影响，可以考虑减免中小企业贷款的利息或费用。此外，还可考虑设立专项财政资金，用于奖励对科技金融支持力度大、效果好的银行、担保公司、科技企业等。此外还应采取多种手段降低中小企业贷款门槛。一是发挥好政府科技创新资金的引导作用与杠杆作用。各级政府应鼓励更多社会资本投入支持创业创新和科技型

中小企业发展的项目中去。二是建立和完善信用担保体系。大力发展政策性担保机构和再担保机构，鼓励和引导更多商业银行为科技型中小企业提供低成本融资服务。三是引导和支持商业银行加大对科技型中小企业的贷款力度。

3. 创新风险分担机制，形成共担共赢新模式

科技创新和产业发展具有风险高、周期长、不确定性强等特点，是一项高投入、高风险的事业。为此，需要充分发挥财政资金的引导作用，利用政府主导的政策性担保公司，建立和完善以政府为主体的融资风险分担机制。一是探索政府出资、企业参与的担保公司合作模式，通过建立"贷款风险补偿基金"和"贷款风险补偿专项资金"等机制，共同承担部分风险。二是通过政府牵头与商业银行、金融机构合作设立科技信贷基金，实现对优质企业的金融支持。三是引导商业银行创新金融产品，探索新的信贷模式，推动建立政策性担保公司和商业银行信息共享机制，提高对企业信用风险的识别能力，扩大信贷投放。

4. 针对高新技术企业，创新金融产品与服务

为有效解决科技创新企业融资难的问题，要发挥银行业金融机构的金融支撑作用，结合科技企业自身特点，针对不同类别、不同发展阶段的科技企业创新金融产品与服务。其中，针对科技型中小微企业，应不断丰富和创新信贷产品与服务方式，建立完善信贷审批机制和风险控制体系；针对种子期、初创期科技企业，应为其提供免抵押、免担保的融资服务；针对成长期科技企业，应给予其较大额度的流动资金贷款支持，并根据其发展状况和资金需求提供长期贷款支持；针对已进入快速发展阶段的高新技术企业，应提供多元化的融资服务方案。

在此基础上，还要积极发展证券市场、风险投资等直接融资方式。尤其是在多层次资本市场建设上，要不断完善创业板、新三板等多层次资本

市场体系建设。通过加强多层次资本市场建设，拓宽企业的融资渠道，鼓励创新型企业在上市前通过私募股权融资获得资金支持，为其发展提供更大帮助；同时鼓励天使投资人投资早期科技创新企业。通过建立天使投资基金、风险投资基金等机构，对具有成长潜力的初创期科技企业进行投资和支持。在此基础上，还要充分发挥各类专业风险投资基金的作用。通过设立风险投资基金、创业投资基金等形式为科技创新企业提供资金支持。

5.提升科创型企业核心竞争力

企业在科技创新过程中，最大的投入就是资金。资金问题解决了，企业才能"轻装"前行。对于中小企业来说，尤其需要政府、金融机构的帮助和支持。一方面，要用好风险补偿基金，设立专项资金用于扶持种子期、初创期、成长期企业。这类企业最大的特点就是收益周期长，投资风险高，不符合传统商业银行的贷款条件，而银行由于受到监管限制，一般不愿意为这些企业提供贷款支持。风险补偿基金的设立就是为了弥补这类企业在前期发展中所遇到的困难和风险。政府要通过专项基金资助设立风险补偿基金，帮助初创期、成长期的科技企业解决在发展过程中遇到的资金短缺、融资困难等问题。另一方面，要充分发挥市场作用，引导社会资本积极投入到科技金融产业中。企业是科技创新的主体，在科技创新活动中具有核心作用，尤其要发挥市场机制作用。积极发挥财政资金引导和撬动作用，大力推动创业投资、科技保险、证券市场等科技金融发展，才能为提升科技企业核心竞争力提供必要的支持。

6.引导社会资本积极投入科技金融发展

政府引导资金要发挥出政策引导、资金引导作用，通过间接方式推动社会资本参与科技金融产业的建设。对于国家部委、各级地方政府设立的科技基金，应允许社会资本以参股、委托管理等方式参与到基金投资运作中。在财政资金扶持的基础上，发挥好各类创业投资引导基金，建立符合科技金融特点和发展规律的投入机制。重点支持科技型中小企业、创业投资机构和天使投资者的股权投资。充分发挥市场机制作用，鼓励社会资本通过多种方式参与到科技金融产业发展中来，更好地发挥社会资本支持科技型中小企业和创业企业发展的作用。比如，设立政府引导基金，引导更多社会资本向种子期、初创期科技企业投资；设立专项基金，以财政资金为引导，支持有条件、有实力的社会资本建立专业化投资机构和团队；设立创业投资机构专项基金，支持一批专业化创业投资机构在中关村高新区加快发展。

7. 大力推动创业投资发展，切实解决科技企业的融资难题

目前，我国科技企业发展过程中，普遍面临着融资难、融资贵的问题。银行贷款风险高，银行不愿意为科技企业提供贷款；证券市场融资渠道有限，对于初创期、成长期的科技企业而言，投资风险较大，收益不高；风投机构参与门槛高，不适合中小型科技企业的发展需求。因此，通过创业投资、风险投资等方式为科技企业提供融资支持具有现实意义。在大力推进创业投资发展过程中，一要明确创业投资的功能定位，形成政策支持体系；二要优化政府引导基金管理方式，制定优惠政策吸引各类创业投资基金向科技产业聚集；三要为各类天使投资人、创业企业和中小企业提供相应的创业扶持政策；四要积极推动私募股权融资发展、推进上市挂牌工作；五要建立以政府引导基金为纽带的产融合作关系，形成"政府＋金融＋产业"的运行模式。

8. 提升科创小微企业应对金融风险的能力，确保金融稳定安全

当前，我国经济正在由高速增长阶段转向高质量发展阶段。实现经济高质量发展，必须有科技创新支撑，要把科技创新放在国家发展全局的核心位置。但也要看到，在全球新一轮科技革命和产业变革的大背景下，我国经济发展正处在转变发展方式、优化经济结构、转换增长动力的攻关期，面临着国内外复杂严峻的形势，特别是金融市场风险比较突出。科技创新能力不足、产品和服务竞争力不强、资源环境约束加剧等问题比较突出，金融风险和压力明显上升。解决好这一问题，要高度重视科技创新对金融风险防控的重要作用，要用金融手段强化金融服务支撑创新发展的作用，有效提升科创小微企业应对金融风险的能力。提升金融服务科技创新发展水平，既是提高创新效率、促进产业转型升级和经济高质量发展的需要，也是防范化解重大金融风险、确保经济平稳健康运行和社会大局稳定的重要保障。应进一步加大对科创小微企业金融支持力度，推进科技与金融融合发展。同时强化普惠金融服务功能，鼓励各地区各部门根据地方经济特点和实际情况推动地方法人机构科技与金融融合发展。

六、加强科技金融服务平台创新发展的必要性

在世界经济总体下行压力加大、国内经济稳中向好的大背景下，金融服务科技企业健康成长，推动实体经济高质量发展的使命任务较为紧迫，需要充分发挥科技金融服务平台金融资源集聚和配置优势，不断创新金融服务模式，引导金融资本和社会资本支持科技创新发展，实现科技与金融的深度融合。目前，我国科技金融服务平台发展较快，但仍存在平台运营机构缺乏公信力和专业性、科技金融产品供给与市场需求不匹配、专业服务人员缺乏等问题。科技金融服务平台发展要坚持市场化导向，积极发展科技金融服务的新业态，充分发挥科技与金融的融合效应和乘数效应，提升对科技型中小企业创新发展的支持力度。

（一）大力发展科技金融服务平台，促进科技与金融深度融合

科技金融服务平台的发展需要坚持市场化导向，引导更多社会资本参与到科技金融服务平台建设中，加强平台的公信力和专业性。政府应采取更多措施推动科技金融服务平台的建设，发挥其在中小企业融资、科技企业发展、科技成果转化等方面的作用，促进科技与金融的深度融合。政府可以通过建立风险补偿基金和贷款贴息基金等方式，支持科技金融服务平台发展。同时还可以探索开展科创板注册制改革试点，加速科技金融服务平台建设。

（1）科技金融服务平台建设应以市场化为导向，形成多元化资金供给机制。在科技金融服务平台建设中，需要以市场化为导向，引导社会资本参与，建立多元化资金供给机制，推动科技金融服务平台的发展。一是政府要发挥财政资金的杠杆效应，建立财政支持的风险补偿基金、贷款贴息基金、科技成果转化基金等。二是政府应整合更多社会资本参与科技金融服务平台的建设。

（2）政府应在科技金融服务平台建设中发挥主导作用，引导和撬动社会资本投入科技金融服务平台建设。政府要加强对科技金融服务平台的监管，加大对平台建设的支持力度，通过政策引导社会资本投入科技金融服务平台的建设中，形成多层次的科技金融服务平台体系，进一步提升科技金融服务水平，包括通过政策引导社会资本参与科技金融服务平台建设，发挥政府引导作用，支持政府投资基金或社会资本以市场化运作方式设立各类科技金融服务机构，如股权投资和天使投资等。

（3）探索建立科技型中小企业信用担保体系，健全科技金融服务平台风险分担机制。为解决中小企业融资难的问题，政府应推动建立多层次

的信用担保体系，鼓励有条件的地区依托技术产权交易市场，建设科技创新创业信用担保体系，由政府出资引导设立、管理运营机构市场化运作、实现独立核算、自负盈亏的担保机构；鼓励市属国有担保公司开展科技型中小企业融资担保业务。建议在上述政策基础上，进一步探索建立具有我国特色的科技型中小企业信用担保体系，通过政府和市场双轮驱动，降低中小企业融资成本。

（二）完善科技金融服务体系，满足实体经济创新发展需求

科技金融服务体系是一个多层次、多主体参与的系统，包括各类科技金融中介机构、科技金融服务机构、金融支持政策和资金以及信息等资源。可以通过建立健全科技金融中介服务体系，整合现有的科技金融服务机构，完善各类科技金融服务机构的运营机制，形成一套系统的、可复制可推广的经验模式，向全社会推广。同时，建立科技金融服务体系要与地方经济发展相结合，推动科技企业孵化器、众创空间等创业创新平台建设，吸引各类资本特别是民间资本投资科技型中小企业，进一步丰富科技型中小企业融资渠道。加快完善以政府为主导的创新创业投资体系，打造一个由多层次资本市场为核心的多元化投融资体系。

1. 科技金融中介服务体系

科技金融中介服务体系是科技金融服务体系的重要组成部分，可以通过引进、培育和整合各类科技金融中介服务机构，为科技型中小企业提供多种形式的融资服务。包括投资银行、风险投资、证券公司、会计师事务所、律师事务所和资产评估机构等中介服务机构，要形成一套比较成熟的运行机制，可以在全社会推广。通过引进和培育各类中介机构，发挥其在信息收集、整理和分析以及资金融通方面的作用，推动科技与金融有机结合，促进科技与金融协同创新。要通过组建科技金融行业协会等方式，引导相

关中介机构形成比较完善的行业规范和运行机制。同时要健全信用担保体系，鼓励支持科技企业在银行等金融机构申请信用担保，强化科技型中小企业信用担保体系建设。要充分利用科技担保公司、小额贷款公司、商业保理公司、融资租赁公司等多种渠道的融资优势，为科技型中小企业提供多样化的融资服务。

2. 科技金融支持政策和资金

政府在政策制定中要充分考虑金融与科技的融合发展，通过出台更多的政策、法规，引导、支持和鼓励各类金融机构创新产品和服务，支持高新技术企业发展；要为科技企业提供融资担保等信用服务，支持金融机构向科技型中小企业发放贷款；要建立健全资本市场的投融资机制，为科技型中小企业提供股权和债券融资。要加快发展各类创业投资和天使投资，促进科技成果转化；要建立政府引导基金制度，通过股权投资、风险补贴和补偿等方式支持科技企业发展；要探索建立财政出资、社会资本参与的科技成果转化风险补偿基金，鼓励政府引导基金以股权、债权等多种形式参与科技企业的股权融资，帮助科技型中小企业进行股权融资。政府要有计划、有步骤地对中小微企业开展科技型担保贷款业务，引导各类政策性担保机构开展科技成果转化贷款担保业务。

3. 多层次资本市场

资本市场是中小企业重要的融资渠道，在科技型中小企业发展壮大过程中发挥着重要的作用。应充分发挥多层次资本市场作用，满足不同行业、不同地区科技企业融资需求。大力发展资本市场中介机构，加强与专业证券服务机构合作，为科技企业提供融资咨询、财务顾问等服务。大力发展创业投资，依托创业投资机构为科技型中小企业提供融资、投后管理等综合服务，为科技型中小企业提供多样化的投资选择。充分发挥股权交易中心作用，加大对科技企业的股权交易和融资支持力度。积极引导创业投资机构、天使投资人进行股权投资和天使投资。鼓励银行加大对科技型中小企业贷款的投放力度，促进银行业金融机构与符合条件的科技型中小企业加强业务合作。探索利用保险公司等金融机构，将保险产品融入科技信贷产品中，加大对科技型中小企业的风险保障力度。

（三）加强平台创新建设，推动科技型中小企业成长壮大

一是要通过融资担保、创业投资等手段，完善科技金融服务平台功能，推动科技型中小企业成长壮大。要进一步明确科技金融服务平台的职能定位，坚持市场化导向，建立高效运作机制，不断提升科技金融服务平台功能。

二是要加强科技金融人才队伍建设，加大科技金融人才培养力度，为金融机构和企业提供及时、有效的技术创新和人才支撑。要通过建立有效的激励机制和培训机制，激发专业人才的创新活力。积极推动科技金融服务平台与企业、高校、科研院所建立合作关系。

三是要充分发挥政府在科技金融服务平台建设中的引导作用，支持各地区因地制宜发展平台体系。要加大对科技型中小企业贷款风险补偿、融资担保等政策性金融工具的支持力度，推进地方政府出台针对科技型中小企业的财政支持政策。要充分利用财政资金形成的引导资金，通过购买服务等方式，带动更多社会资金投入科技金融服务平台中。

首先，完善政策和法律保障体系，为平台发展提供良好的制度环境。完善的法律法规环境是科技金融服务平台健康发展的重要保障。应加快出台促进科技金融发展的专项法规，重点对平台建设、运作过程中涉及的各类主体权利义务关系作出明确规定。重点加强对平台建设中各方主体在科技金融服务平台运行中权利义务关系、风险承担等方面的规范，以避免各类主体因法律法规缺失而导致运行不规范甚至无法正常运作。同时，还应建立健全促进科技金融服务平台发展的财税支持政策。可以考虑由财政部

门设立专项资金，对科技金融服务平台开展业务过程中涉及的融资担保、小额贷款公司等提供税收优惠，或给予一定的财政补贴，并在资金使用方面给予优先支持，促进其健康发展。此外，应鼓励各地积极探索政府引导基金模式，通过设立引导基金等方式吸引社会资本投入科技金融服务平台建设，进一步拓宽平台融资渠道。

其次，加大对科技型中小企业贷款的风险补偿力度，促进风险分担机制形成。科技型中小企业因发展阶段、行业特点等原因，在与银行贷款的风险分担和损失补偿问题上往往面临着一定的困难。为此，要加强对科技型中小企业贷款风险补偿机制建设，发挥财政资金的引导和放大效应，加大财政对科技型中小企业贷款风险补偿力度。要建立健全科技型中小企业信贷担保体系，不断提高融资担保机构的服务能力和担保水平。要进一步完善贷款风险分担机制，逐步建立科技型中小企业信用担保机构补偿和补贴机制。要加快建立风险补偿资金池，实现与国家和省融资担保基金及市级、区县平台的有效对接。要推进科技金融服务平台与银行开展多种形式的合作，为企业提供直接融资、信贷担保等服务，为银行发放贷款提供风险保障。要依托科技金融服务平台建立担保、保险和再担保等合作机制，帮助科技型中小企业获得信贷担保、保险以及再担保等增信服务。

再次，加强科技金融人才队伍建设，提升平台运行效率。科技金融服务平台的运作，需要大量的专业人才队伍作为支撑。应通过对现有科技金融人才队伍进行整合，对现有科技金融服务人才进行培训，提升他们的业务素质和能力水平，加强与银行、证券公司、担保公司等金融机构以及创业投资机构等中介组织的合作交流，进一步强化科技金融服务平台的职能定位，提高其运作效率。同时，要根据需要制定专门的制度和规范，将平台运作与人才培养和使用结合起来，以激励机制和培训机制为抓手，不断提高专业人才队伍的综合素质和业务能力。此外，要进一步完善科技金融服务平台的绩效考核办法，通过考核引导平台提供优质服务、降低运行成本，使其能够更加高效、更具活力地运转。

（四）拓宽科技金融服务领域，充分发挥平台对实体经济的支撑作用

为中小企业提供服务是科技金融服务平台的核心任务，要进一步拓展科技金融服务的领域，增强平台对实体经济的支撑作用。

一是在服务对象上，由单纯服务科技型中小企业向支持全产业链科技创新延伸，形成对产业链各个环节的全面支持。

二是在服务内容上，从传统贷款向综合金融服务延伸，除提供贷款之外，还提供包括支付结算、资金监管、信用评价、担保、保险等在内的创新创业金融服务。

三是在科技金融产品上，除传统的信贷产品外，要针对科技企业生命周期特点，提供涵盖股权融资、债券融资以及科技保险等在内的综合金融产品。

四是在服务方式上，要积极探索以政府购买服务方式开展业务。如针对中小企业科技创新过程中遇到的人才引进、技术转让、知识产权保护等难题，围绕知识产权创造与运用展开科技金融产品创新与金融模式创新。

五是在服务流程上，要提供更加便捷化、个性化的服务。例如，对中小企业研发投入给予更大比例的风险补偿；针对企业在初创阶段对人才需求较大等特点，探索为企业提供更多融资方式；利用大数据进行精准营销等。

六是在数据基础上，积极探索区块链技术在金融科技领域的应用。区块链技术具有去中心化、不可篡改、公开透明等特点，可有效解决中小企业融资过程中存在的信息不对称问题。

（五）建立科技金融服务信用体系，有效降低科技型中小企业融资成本

信用是金融机构的生命线，是金融机构赖以生存和发展的基础。从国际经验来看，科技金融服务信用体系是引导和激励金融机构支持科技型中小企业的重要手段，通过科技金融服务信用体系建设，能够有效降低科技型中小企业融资成本。美国、德国、日本等发达国家均建立科技银行、信用担保基金等机构，为本国科技型中小企业提供科技金融服务，缓解科技型中小企业融资难题。

当前我国科技金融信用体系建设还需进一步完善。一是信用信息共享机制尚未健全。各地平台的信息共享主要是基于政府部门提供的信用数据和平台自身掌握的企业信用数据进行整合和分析利用的结果，缺乏针对科技型中小企业和科技金融服务机构信用数据资源共享的动力机制。二是信用服务水平还有待提高。目前各地科技金融服务平台提供的信用服务产品、质量水平参差不齐，有的平台还存在经营不规范、信息不实等问题。

1. 构建科技型中小企业信用信息数据库

科技型中小企业的信用信息主要来源于高新技术企业、"四技"企业（技术开发、技术转让、技术咨询、技术服务），以及参与各类科技计划项目，通过科技部、省科技厅、市科技局等政府部门掌握的各类科技企业数据，以及金融机构在办理金融业务时积累的各类信用信息。根据科技型中小企业自身特点及发展规律，科学确定分类标准，全面采集科技企业基础信息和信用信息。

按照统一标准、统一目录的要求，建立科技型中小企业基本数据库、知识产权管理与保护数据库、技术创新与成果转化数据库、人力资源管理与服务数据库等，对企业基础数据和信用信息进行统一管理和分类登记。

在此基础上，建立科技型中小企业信用信息数据库，并实现与各地科技金融服务平台的信息互联互通。

针对不同类别的科技型中小企业特点，按照"一企一档"的原则编制信用档案。信用档案可以是纸质文档和电子文档相结合的。将企业基础数据与科技金融服务平台提供的技术指标进行关联分析，将科技企业有关情况与平台服务产品进行关联分析，确定科技型中小企业信用等级。根据科技型中小企业信用档案评价结果和平台服务产品评价结果等，向金融机构提供金融产品及信贷政策等方面的咨询服务。按照国家有关规定并结合实际情况定期对科技型中小企业信用档案进行更新。

2. 创新信用信息采集与应用方式

一是建立多层次信用信息共享机制。建立国家、地方和行业组织等多层次信息共享机制，鼓励信用服务机构和金融机构提供高质量的信用信息服务，构建面向科技型中小企业的全生命周期的信用服务体系，提高科技金融服务平台的综合服务能力。

二是进一步完善公共信用信息数据库，提高数据质量和开放共享水平。政府相关部门要继续完善企业公共信用信息数据库建设，充分发挥数据在社会治理中的作用。完善科技型中小企业公共信用信息数据库，在此基础上推动各类社会信用体系建设平台与科技金融服务平台实现互联互通和信息共享。探索建立科技型中小企业动态管理信息系统，加强对科技型中小企业的跟踪调查和评估分析，动态跟踪科技金融服务平台的运行情况和成果。

三是探索建立科技型中小企业社会信用评价机制，为科技金融服务平台建设提供有力支撑。围绕科技型中小企业、科技金融服务平台、银行等市场主体建立信用评价指标体系和模型，形成评价报告。建立科技型中小企业社会信用评价机制，推进对科技金融服务平台的综合评估和动态管理，对科技型中小企业进行科学合理评估。将科技型中小企业社会信用评价结果作为金融机构开展业务、政府实施优惠政策、政府投资引导资金管理的重要依据。

3. 企业加强信用体系建设的组织领导与协调

从全国来看，科技金融服务信用体系建设是一个需要多部门协调配合的系统工程，应由国家层面统筹规划，建立一个统一领导、分工明确、协调统一的组织机构，协调推进。各级地方政府应成立科技金融服务信用体系建设领导小组，统筹协调本地区信用体系建设工作。组建由信用管理部门牵头，金融、科技等相关部门共同参与的跨部门合作机制。加强信用信息共享机制建设，构建科技金融服务信用数据库。推进信用信息系统平台建设，建立基于大数据的决策分析系统。将各金融机构、科技企业和地方政府有关信息进行整合和共享，建立全国性的企业信用信息平台，促进银企对接，优化信贷服务流程，降低交易成本。

（六）加大政策扶持力度，推动科技金融政策落地落实

当前，我国经济发展进入新常态，在此背景下，地方政府对科技金融发展的支持力度亟待加强。一是完善科技金融支持体系，健全多层次、广覆盖、有差异的银行体系，优化政策服务环境。二是加大对科技企业的支持力度。尤其是加大对科技型中小企业的支持力度，从财政政策、风险分担和补偿机制、人才政策等方面给予更多的支持。三是建立科技金融服务平台与银行等金融机构的信息共享机制。实现政府监管和企业信息互联互通，并通过大数据分析，形成科技型中小企业信贷风险评估模型。四是依托科技金融服务平台建立市场化的科技金融服务体系。充分发挥市场在资源配置中的决定性作用，推动科技金融服务平台为企业提供更专业、高效和便捷的科技金融服务，进一步优化科技产业和金融产业协同发展。五是

加强科技金融相关法律法规和制度建设。一方面要完善信用信息共享机制；另一方面要强化法律保障机制，完善知识产权保护制度和加大知识产权保护力度。六是强化科技金融统计与研究工作，定期发布中国科技与金融发展报告。建立以市场为主导的科技金融统计制度，及时反映科技与金融的动态变化情况。加强对国外科技与金融政策及研究成果的借鉴吸收等工作。

1. 加强平台建设，发挥科技金融服务平台作用

近年来，随着我国金融监管体制的改革，科技金融服务平台建设已成为服务地方经济社会发展、促进创新驱动发展战略实施的重要途径。科技金融服务平台的建立，有利于发挥市场在资源配置中的决定性作用，降低企业融资成本、提高融资效率；有利于优化创新资源配置，形成协同联动发展格局；有利于集聚各类金融资源和要素，为地方经济社会发展提供更有力支撑。通过科技金融服务平台可以实现科技企业与银行等金融机构之间的信息对接，推动银行等金融机构在风险可控前提下向科技型中小企业提供更具针对性和实效性的服务；通过科技金融服务平台可以实现政府有关部门与科技企业之间信息的对接，促进政府有关部门与金融机构之间信息的对接；通过科技金融服务平台可以实现地方政府相关部门与金融机构之间信息的对接，推动地方政府相关部门与金融机构之间信息的对接。

2. 以政府为主导，建立风险投资和融资担保体系

科技金融服务平台的建设必须以政府为主导，充分发挥政府财政资金引导作用，建立科技型中小企业融资担保体系。

一是针对科技企业创业风险高的特点，完善政策性融资担保体系。通过设立科技信贷风险补偿基金、科技信贷风险担保基金和科技贷款风险准备金等方式，引导商业银行加大对科技型中小企业的支持力度。政府通过设立一定比例的财政资金，建立专项引导基金、政策性银行信贷、商业银行贷款等多种形式共同参与的担保机制，鼓励发展区域性科技金融服务平

台、中小微企业信用保证基金（增信）平台和科技贷款风险补偿基金等。

二是发挥政策性融资担保机构的作用，为科技型中小企业提供担保。通过建立财政出资的政策性融资担保机构，由其为科技型中小企业提供融资担保服务，进一步降低科技型中小企业的融资成本。同时，对于科技型中小企业特别是小微企业贷款的实际利率，要比大型企业高出一倍左右。通过政策性融资担保机构提供信用保证、贷款风险分担等措施，支持科技型中小企业通过发行债券等方式进行直接融资。

3. 借助"互联网+"，打造科技金融服务新模式

充分利用"互联网+"新技术、新模式，能够推动传统产业转型升级。科技金融服务平台要充分利用"互联网+"技术优势，通过搭建科技金融综合服务平台，实现银行、政府、第三方服务机构等多层次、全方位、多渠道信息对接和共享，打通金融与科技之间的信息壁垒，真正实现"金融服务到项目对接到企业获得高效的金融服务"，让科技企业能够更方便快捷地享受科技金融服务。

目前国内已有多个科技金融综合服务平台通过搭建"互联网+"创新平台，打通了银行与科技企业之间的信息壁垒，通过大数据技术为科技型中小企业提供个性化的信贷产品与融资方案，并为银行提供风险评估、营销推介和贷后管理等多方面服务。通过将"互联网+"与科技金融服务平台相结合，未来可以构建以线上信息为纽带的全新科技金融综合服务体系，有利于解决科技型中小企业融资难问题。

（七）创新科技金融服务模式，激发市场主体活力

（1）鼓励设立市场化的科技金融专营机构。设立科技金融专营机构，可以作为科技型中小企业直接融资的载体，有利于提高科技型中小企业直接融资比重。将科技金融专营机构打造成为银行、保险、担保、证券等金

融机构在当地的业务中心和服务中心，提供从企业孵化、股权投资到上市辅导、并购重组等全生命周期的服务，成为当地科技企业直接融资的"助推器"。

（2）扩大科技型中小企业科技保险业务。积极推进科技型中小企业专利保险试点，为科技型中小企业提供专利质押贷款担保；积极开展研发费用和知识产权质押贷款保证保险业务，建立知识产权质押保险风险补偿机制。

（3）提高科技成果转化贷款风险补偿比例。支持地方政府通过参股银行等金融机构，设立风险补偿基金或创业投资引导基金等方式设立科技成果转化贷款风险补偿资金。

第二章　科技金融与创新发展：理论与借鉴

一、科技金融服务模式国际比较

根据政府、银行等金融机构、资本市场和风险投资市场，以及社会资金在科技金融发展过程中发挥作用的不同，可以将科技金融服务模式划分为四种不同的类型，分别是政府主导模式、银行主导模式、资本主导模式和社会主导模式。

文杰（2018）通过系统梳理美国和日本科技金融发展历程后发现，美国科技金融服务采取的是资本主导模式，美国作为风险投资起源地，融资市场非常发达，层次多样，功能完备，除了全国性的证券交易市场之外，还有区域性的证券交易市场，以及非常发达的场外交易市场，而且美国民间融资机构也非常专业，可以为科技企业提供多样化的融资渠道，同时，美国的硅谷银行开创了科技银行的先河，打通了科技企业的间接融资渠道，极大地促进了科技金融的发展。与美国相比，日本科技金融模式明显采取政府主导模式，充分发挥政策性金融机构职能，如商工组合中央公库、国民生活金融公库和中小企业金融公库，为科技型中小企业提供金融支持。

黄灿、许金花（2014）对德国科技金融服务模式进行了对比分析，发现德国科技金融服务模式采取的是银行主导模式，并且该模式对于促进科技与金融的融合是非常有效的，而且德国在信用担保机制方面的做法也是比较成熟的，通过联邦、州、银行三层担保体系，改善了科技中小企业的融资环境，降低了银行所承担的风险，缓解了科技中小企业由于缺乏抵押物无法融资的难题，促进了科技金融的发展。

肖冰等（2020）以韩国科技金融公司（KOTEC）作为研究对象，对韩国政府主导模式下的知识产权金融服务展开分析，发现韩国中小企业金融服务体系实际上采用的是国内常见的"政银保"形式，即"政府+银行+保险机构"形式，地方政府为企业提供利息补贴，提供给担保公司；担保公司收到政府补贴后为企业做信贷担保；金融机构在企业做信贷担保之后，为企业贷款。在这一基础架构上，2013年，韩国国家知识产权局（KIPO）、韩国信用担保基金（KODIT）和韩国中小企业银行将知识产权评估纳入韩国科技金融公司和韩国信用担保基金等金融服务机构的担保流程之中，首次联合启动了针对韩国中小企业的知识产权贷款业务，也就是在"政银保"标准业务流程中，加入一个知识产权评估业务过程，先由政府选择拟贷款企业，这些企业到政府主导的技术评级机构进行知识产权评估，确定可以贷款的企业，然后由银行放款；韩国政府主导模式下的知识产权金融服务有效解决了韩国科技企业知识产权无法评估、无法抵押的难题，极大地促进了科技金融业务的增长。

总体而言，国外成熟的科技金融服务模式呈现出以科技型中小企业为服务对象，以满足科技型中小企业融资需求为导向，以政府、金融机构和创投机构等为主体的特点。通过对比，我国在科技金融服务模式上还存在着一些不足，主要体现为科技金融产品种类少、信用体系建设落后、风险分担机制不完善等。因此，有必要借鉴国外成熟的科技金融服务模式，并结合我国实际情况，完善我国的科技金融服务模式。我国借鉴国外成熟的科技金融服务模式的方法如下。

一是完善科技型中小企业信用担保体系，扩大其规模，同时注重信用担保体系的风险分担机制。政府应该加大对科技型中小企业的财政支持力度，并建立科技型中小企业信用担保体系，这是推动我国科技金融发展的重要途径。

二是构建多元化的科技金融服务模式，在支持科技创新的同时，发挥商业银行及其他金融机构在科技金融中的积极作用。商业银行作为科技企业融资的主体应该积极创新金融产品，并完善配套机制，建立科学的风险评估体系。

三是提高科技型中小企业信用评级标准。应逐步完善信用评级制度，对科技型中小企业进行科学、客观的信用评级，并与企业日常经营管理情况相结合，对企业进行动态管理。同时要建立一套完善的评估体系、评估模型及评级方法和程序，形成完备的科技型中小企业信用数据库。

二、科技金融服务体系

科技金融服务体系引导了金融资源向科技领域的配置，随着国内科技产业的不断发展，科技金融服务体系的重要性也在不断加强，科技金融服务体系的相关研究也在不断深入，如韩丽娜、李孟刚（2018）对高新技术产业发展与金融支持体系之间的关系展开研究，通过分析科技产业在不同成长阶段所面临的问题，在中外对比分析下，提出建立适应我国科技产业发展的金融支持体系的相关建议。吴妍妍（2019）对上海、南京、杭州和合肥四座城市科技金融体系的构建方式展开研究，就如何完善科技金融服务体系，推动科技创新，给出了有益的结论。任祝（2021）认为，科技金融服务体系是一系列的金融服务所构成的服务系统，其目的是为科技创新和科技成果产业化提供金融服务，其本质是利用金融工具优化金融配置，使其向科技企业倾斜，从而促进科技与金融深度融合。华晓龙（2021）通过分析苏州市科技金融服务发展现状和存在的问题，指出科技金融服务的发展方向，并认为苏州市科技金融服务平台应推动科技金融向创新领域集聚，以促进苏州市经济高质量发展。

通过文献梳理可以发现，我国科技金融服务体系还存在很多不足，包括政府对科技金融服务体系的作用不明显、风险补偿机制不完善、法律法规不健全、银行产品和服务创新不足等，需要加大政府财政支持力度，建立完善的风险分担和补偿机制，加快构建与科技创新发展相适应的市场机制、金融法律体系等措施来对建立健全科技金融服务体系提供强有力的支持。

（一）政府支持

科技金融服务体系的发展离不开政府的大力支持，一方面，政府需要加大对科技金融服务体系的财政投入力度，对科技企业贷款利息和保险费予以补贴和支持。另一方面，政府需要建立并完善相关科技金融服务的法律法规体系，提高科技金融服务的规范化、标准化水平。政府要为科技金融服务体系提供良好的发展环境，完善相应政策制度，推动我国科技金融服务体系的发展。除此之外，还需要建立相关科技创新风险补偿机制，通过市场化手段进行风险补偿。政府也要不断完善信贷担保机制，充分发挥政策担保机构对科技创新企业的融资担保作用。政府应进一步完善财政补贴制度和税收优惠制度，降低科技企业经营成本、融资成本和其他税收负担。

（二）市场机制

市场机制是指通过价格机制、竞争机制等，推动市场的发展，进而实现资源配置的优化。其中市场机制中的竞争机制可以促进科技资源的合理配置，在竞争中产生优胜劣汰的结果。另外，市场机制在科技金融服务体系中也发挥着重要作用。政府通过宏观调控促进资源的有效配置，比如通过财政政策对科技创新项目进行支持。市场调节主要通过价格机制和竞争机制来实现资源优化配置，比如通过利率、汇率、贷款结构等来实现资源配置。除此之外，政府还可以通过引导企业融资方式的多元化来提升科技创新企业的融资能力，比如利用政策性银行为高新技术企业提供贷款，同时在银行设立风险投资基金等。

（三）多层次资本市场体系

资本市场是科技金融服务体系的重要组成部分，通过多层次资本市场的建立，可以为科技企业提供股权融资、企业债等多种融资渠道，可以在一定程度上缓解科技企业的资金需求压力。资本市场中主要有主板市场和中小企业板、创业板等，目前我国多层次资本市场体系已经初步形成，但是还存在很多问题，比如各市场之间发展不均衡、上市标准不同等。另外，我国证券交易所分布不均衡，导致资源的浪费。因此，要建立多层次资本市场体系，完善多层次资本市场的功能和作用，发挥科技金融服务体系在科技创新中的重要作用。构建科技金融服务体系要根据各个地区的特点和发展水平进行适当调整。此外，要通过多种方式和渠道提供资金支持，不断完善科技金融服务体系。另外还要充分发挥政府的引导作用、加大财政支持力度和建立风险分担机制。

（四）商业银行

商业银行作为金融体系中最重要的资金供给者，在科技金融服务体系中同样发挥着不可替代的作用。银行作为典型的信息不对称行业，在科技创新活动中扮演着信息传递者和中介的角色，即为科技企业提供资金支持。其中，银行的信贷审批流程也决定了商业银行是最主要的科技金融服务提供主体。为了更好地满足科技企业的信贷需求，我国商业银行还积极开展业务创新，不断完善科技型中小企业信贷业务流程和风险管理体系，从而使得越来越多的科技型中小企业能够获得贷款资金支持。除此之外，在服务理念上，商业银行还不断创新服务模式，开发出了适合科技型中小企业发展的多种金融产品和服务模式，极大地推动了我国科技金融服务体系建设。

（五）风险投资和私募基金

风险投资和私募基金主要为创新型企业提供资金支持，是一种新型的融资方式，它能够有效解决科技型中小企业的融资困难问题，在国外科技金融服务体系中，风险投资和私募基金所占比重较高，在美国和日本等国家的风险投资和私募基金发展迅速，这也是这些国家科技创新能力较强的原因之一。风险投资和私募基金在我国的发展时间相对较短，但发展速度较快，尤其是创业板的推出更是为我国高科技企业的发展提供了资金支持，为科技企业提供了良好的融资渠道。

（六）担保机构

担保机构在解决科技企业融资难问题中扮演着非常重要的角色。一方面，担保机构可以通过设立贷款风险补偿基金，对企业贷款中存在的风险进行分担，将贷款损失分担给担保机构。另一方面，担保机构可以为科技企业提供再担保服务，使企业融资的风险得到分担。目前，我国已初步形成以政策性科技融资担保机构为主体，商业性科技融资担保机构和个人创业、投资、信托等机构为补充的多层次科技金融体系。

（七）保险

科技保险是以高新技术企业、研发机构和创新活动为保险标的，针对其研发、生产、销售中的风险提供的保险服务。它是在传统风险管理方法和保险理论的基础上，以高新技术企业、研发机构和创新活动为主要对象，以风险损失补偿为主要目的的保险。科技保险在国际上有很多成熟的经验，随着我国科技水平不断提高，科研技术不断创新，新的科技成果层出不穷，使得传统的科技风险管理模式面临极大挑战。因此急需发展专业的科技保险公司为科技企业提供风险保障和补偿。

三、科技金融服务质效评价

科技金融服务是提升国家创新能力、加快推进创新型国家建设的重要抓手。科技金融服务质效提升与我国经济发展阶段、政策环境、产业特征密切相关。如何在现有科技金融服务基础上，客观评价科技金融服务水平，为科技金融政策体系完善和落地提供科学依据，是摆在学界面前的重要课题。现有文献对科技金融服务质量和效率的研究是比较深入的，尤其是近两年，国内很多学者采用数据包络分析（data envelopment analysis，DEA）等量化分析方法，对我国各地区科技金融服务效率进行测算，并通过其Malmquist指数是否处于技术有效前沿面上，来对该地区的科技金融服务进行评价，如李林汉、王宏艳、田卫民（2018）基于三阶段DEA-Tobit模型，对省际科技金融效率及其影响因素展开研究，结果发现我国的省际科技金融效率普遍过低，只有北京、黑龙江、浙江、河南、广东5个省市的技术效率处于技术前沿面，其他省份的技术效率都有待提高。张远为（2021）建立科技金融效率评价指标体系，利用 BCC 模型和 Malmquist 指数，对湖北省科技金融资源配置效率展开研究，发现促进湖北省科技金融发展的关键因素。类似的还有边俊杰、段可仪（2022），梅永倩、王萌、谷雨（2022），唐栋等（2022）进行的研究。从算法上来讲，数据包络分析简单有效，但对输入输出变量的选取有着严格的要求，而科技金融服务质效的科学评价应该是系统和多方面的，无法用几个简单指标来代替，否则就会出现如李林汉、王宏艳、田卫民（2018）提出的类似结论：黑龙江科技金融效率优于除北京、浙江、河南和广东的其他地区，这显然与我国科技金融的发展情况是不符的。

现有文献对于科技金融服务质效评价具有重要的理论意义和借鉴价值，围绕科技金融服务质效评价科学性、必要性和重要性，以及评价过程中存在的难点，探讨如下。

（一）科技金融服务质效评价重要性

科技金融是以创新为核心驱动力的经济金融体系，其核心功能是通过创新信贷产品、创新投融模式等，为科技企业提供有针对性的金融服务支持。随着我国科技金融服务体系不断完善，金融资源向科技领域加速集聚，科技与资本的融合不断加深，有效促进了我国经济增长质量、效率和动力转换。

目前，我国的科技金融服务体系在政策设计、信贷支持、机构服务、产品创新等方面取得了一定成效，但同时也面临着一些挑战：一是融资模式较为单一，以间接融资为主，直接融资发展相对滞后；二是商业银行对科技企业贷款积极性不高；三是资本市场服务科技企业能力不足等。

当前我国的科技金融服务体系中存在的问题主要是：一是政策体系不

完善，现有的科技金融政策往往聚焦于银行信贷等传统业务，针对科技企业融资服务不足；二是缺乏第三方机构对科技金融服务体系进行客观评价和行业对比分析；三是缺少科技金融评价指标体系。

客观评价科技金融服务水平，可以有效改善现有科技金融政策体系的问题和不足：一是能够帮助政策制定者了解市场需求以及现有科技金融供给不足的情况，为未来相关政策制度完善提供参考和依据；二是可以帮助银行、企业等相关市场主体准确把握政策重点以及业务方向，提高工作效率和资源利用效率；三是可以帮助商业银行加强对科技企业的融资服务；四是能够通过对行业科技金融发展水平的客观评价、对比分析，为银行制定差异化的信贷政策提供依据和参考；五是可以帮助政府相关部门了解科技企业的资金需求情况、市场发展情况以及企业融资状况等，从而在下一阶段制定相关产业政策时有针对性地提供支持。

（二）科技金融服务质效评价必要性

从科技金融服务的现状看，科技金融服务主要存在以下问题，需要引入质效评价来推动问题整改：一是部分政策落地不到位；二是部分创新创业活动融资难、融资贵问题仍未有效解决；三是科技金融服务的供给体系不完善；四是金融机构发展的内在动力不足。部分银行仍将主要精力放在信贷业务上，缺乏创新意识和活力，商业模式较为单一。

从科技金融服务的现实需求看：一是政府有关部门、金融机构、市场主体等对科技金融服务的评价亟须客观的指标体系作为支撑；二是科技企业对科技金融服务需求日益增长。从政策支持看，国家相继出台了一系列政策文件促进科技金融发展。从市场供给看，我国资本市场、债券市场融资规模快速增长。从风险防范看，科创板、创业板等资本市场改革提升了科技企业直接融资比例。因此，构建客观有效的评价指标体系意义重大。

（三）科技金融服务质效评价难点

当前，国内对科技金融服务质效评价多以定性方式为主，评价指标体系存在以下问题。

一是评价指标体系设计缺乏依据。从国内已有的科技金融服务指标体系来看，多以银行信贷服务为主要衡量维度，对于科技企业融资需求的满足程度、融资效率等关注较少。具体而言，银行信贷业务评估以风险管理为导向，着重对企业信贷资产质量进行评估，很少考虑企业所处行业特性对科技金融服务的影响。即使在个别涉及科技企业的评价指标上，也未体现出金融服务创新和支持高科技产业发展的相关因素。这样设计的指标体系无法准确反映当前科技企业融资需求的特征。

二是评价标准和方法不够科学。在目前对金融机构评价体系中，多以定量指标为主，定性评价为辅。从定性描述来看，评估主体对不同类型科技企业的经营状况和信用情况无法全面掌握，缺少定性分析；从定量描述来看，指标选取侧重于评估对象在贷款产品中的表现和优势，而对企业所处行业发展情况等缺乏有效指标。在对科技企业进行评级时，由于缺少相关的经济数据支撑，往往将企业财务指标作为评级参考因素。即使是定性评估体系中，评价主体也多以银行为主，缺少政府部门、中介机构参与评价。

三是评价结果反馈机制不完善。由于缺乏有效评价结果反馈机制，目前科技金融服务质效评估难以发挥其应有的作用。在银行方面主要以年度或季度为周期进行综合考核；在政府方面主要以科技金融工作领导小组办公室为主体进行阶段性考核；在中介机构方面主要以会计师事务所为主体进行年度或季度评价。这种评价结果反馈机制无法从根本上解决问题：一是因评价结果难以准确量化而导致工作人员存在较大的主观随意性；二是因反馈机制不健全而无法使评价结果得到有效运用；三是因信息不对称造成的信用评估成本增加问题没有得到解决。

（四）科技金融服务质效评价的科学性

科技金融服务是一个从"点"到"线"再到"面"的过程，科技金融服务质效评价应对科技金融服务进行系统性把握，通过全面分析和梳理各类主体在科技金融服务链条中的作用，综合衡量各主体科技金融服务的效率和质量。而且，现有的科技金融服务评价指标多为定性描述方式，缺少量化标准和规则；有的虽然设置了定量指标但对其理解不深入、执行不到位；有的对企业科技创新能力和潜力不足等问题认识不足，没有真正解决创新风险评估、金融资源配置等问题，参考价值不大。为了确保科技金融服务质效评价的准确性和科学性，应以系统性、动态性、全面性、可行性为导向，坚持综合性评价，注重实际运用。

四、科技金融融合发展

近年来，为抢抓国家"科技强国"战略机遇，各地政府纷纷出台多项政策支持科技产业发展，"金融+科技"的融合发展也成为各地政府推动地方经济高质量发展，推动经济新旧动能转换的重要途径之一。然而，部分地方政府对金融与科技的融合认识还不到位，创新意识和创新能力还有待加强。孙龙建（2015）认为，科技金融是自主创新体系的重要组成部分，基于天津市科技金融服务现状，提出应从发展产业链金融和开展融资模式创新等方面，促进科技金融融合发展，提升天津市科技金融服务总体水平。刘伟、马伟、杨水清（2022）分别从金融科技的角度和科技金融的角度出发，对科技与金融深度融合的新趋势展开分析，并科学评价了二者之间的关系。杨济铭（2021）梳理了我国科技金融融合发展的现状，从推动我国金融业发展的角度出发，挖掘科技金融融合发展过程中存在的问题，并就如何促进科技金融深度融合、推动经济社会高质量发展给出相应启示。任祝等（2022）从科技金融运行机制角度出发，就如何促进科技金融融合发展、激发京津冀三地区域科技创新活力、有效推动京津冀科技成果转化转移、推动京津冀科技企业健康发展，提出了有益的观点。关于科技金融融合发展现状、科技金融融合发展模式、科技金融融合发展新趋势以及应用前景还需进一步探讨。

（一）科技金融融合发展现状

为抢抓国家"科技强国"战略机遇，推动地方经济高质量发展，各地政府纷纷出台多项政策，积极探索多种"金融+科技"合作模式，支持科技产业创新发展，包括创新"政策性担保+天使投资基金"模式、"创业担保贷款+天使投资基金"模式、以风险补偿为核心的"投贷联动"模式等。

（二）科技金融融合发展模式

通过汇总地方政府对科技金融融合发展的支持方式，可得知科技金融融合发展模式主要有以下几种。一是搭建科技金融服务平台。地方政府依托当地科技资源优势，搭建科技金融服务平台，整合企业和银行的相关信息，为企业提供信用贷款、信用担保等金融服务。二是设立政府引导基金。地方政府设立专门的科技产业投资基金，发挥财政资金的杠杆放大作用，为科技企业提供资金支持。三是设立政策性科技银行。地方政府设立政策性科技银行，为科技企业提供融资支持。四是对科技型中小企业提供专项贷款。地方政府通过向银行申请贷款专项额度，或直接购买企业的股权等方式，对科技型中小企业进行融资支持。五是设立科技信贷风险补偿基金。地方政府通过设立科技信贷风险补偿基金，为银行提供补偿支持。六是设立科技担保公司。地方政府通过担保机构为科技型中小企业提供担保服务。七是对科技企业进行投资。地方政府通过引导基金等方式对高新技术企业进行投资。八是搭建交易平台。地方政府通过搭建交易平台，帮助科技企业实现投融资。

（三）科技金融融合发展新趋势

一是多点开花。政府、金融机构、创投机构和中介服务机构等深入合作，不断创新科技金融服务产品，推动"金融+科技"的融合发展。

二是重点突出。由于国家对科技创新发展的高度重视，各地政府聚焦科技金融产业政策与科技金融服务质效提升，集中金融资源支持科技创新，尤其是与当地优势产业相结合，推动科技型中小企业高质量发展。

三是政策先行。各地政府加快建立起完善的支持科技企业发展的政策体系，在税收、融资等方面制定完善的优惠政策，以财政补贴等方式鼓励企业研发创新，为科技与金融融合发展创造良好环境。

四是发挥平台资源优势。地方政府充分发挥平台资源优势，打造更多功能完善、服务齐全的专业化科技金融服务平台，有效地促进科技金融深度融合发展。

（四）科技金融融合发展，有利于激发科技创新活力

（1）加速创新驱动。推动科技与金融深度融合，能为地方产业结构优化升级、高质量发展提供强大的动力。加快科技金融发展，一方面能有效地推动科技与金融融合，激发科研人员的创新活力，同时也能帮助企业缓解融资贵问题。另一方面，通过支持企业建立产业技术研究院、与高校和科研院所开展技术合作等方式，为地方企业创新发展提供坚强支撑。

（2）促进成果转化。科技成果转化是通过科技成果的商业化、产业化，

把科研人员的智慧转变为现实生产力的过程。应通过建立一套完整的创新机制和创新体系，完善激励机制和风险补偿机制，从而推动科技与金融有效融合。同时，应在科技创新中注入金融服务理念，改变传统融资方式、完善信贷担保体系等，提升对科技企业的综合服务水平等方式，促进科技成果转化和产业化。

（五）科技金融融合发展，推动科技成果转化

科技金融融合发展，有利于利用现代金融科技手段，打通资金流、信息流、产业链，推动科技成果转化，构建科技成果转移转化体系。一方面，科技金融融合发展能够为科技企业提供资金支持，增大企业对新技术的研发力度，加快新产品的市场推广。另一方面，科技金融融合发展能够有效推进项目落地。科技企业可以借助银行、融资担保公司等金融机构获得资金支持，银行、融资担保公司等机构则可以为项目提供贷款担保服务。

（六）科技金融融合发展，推动科技企业创新发展

科技金融融合发展，能够充分发挥金融对科技创新的支撑和引领作用，加快完善"投、贷、保、担"联动机制，助力更多科技企业解决融资难的问题，推动科技企业创新发展。

一是健全科技金融服务体系。积极推进创业板改革，完善多层次资本市场体系，打造资本市场创新发展新格局。加快完善天使投资、股权投资基金等多种形式的科技金融服务体系和商业模式，以市场化方式解决科技企业融资难问题。

二是加快建立以企业为主体的技术创新体系，着力提升科技企业创新能力和市场竞争力。积极推进知识产权质押融资等新业务模式发展，增加金融供给方式和供给主体。支持科技企业上市融资和并购重组，鼓励金融

机构通过设立或参股创业投资基金、科技保险、贷款保证保险等形式为科技型中小企业提供多元化金融服务。

三是加强科技金融人才队伍建设。加大对创新型高端人才和复合型人才的引进力度，提升科技金融服务水平和风险防范能力。

五、科技金融服务平台运行机制

2006年2月，国务院发布《国家中长期科学和技术发展规划纲要（2006-2020年）》，明确提出建立和完善创业风险投资机制，探索以政府财政资金为引导，采用政策性金融、商业性金融资金投入为主的方式，促进更多资本进入创业风险投资市场，同时，鼓励金融机构对国家重大科技产业化项目、科技成果转化项目等给予优惠的信贷支持。自此，科技与金融融合发展进入了一个新阶段，各地纷纷搭建符合当地科技产业发展特点的科技金融服务平台，以更好地为本地科技企业创新发展提供金融服务。

科技金融服务平台是促进科技金融深入融合发展、推动科技企业创新发展的重要支撑，高效的运行机制是实现科技金融服务平台各项功能的重要保障。唐五湘、刘培欣（2014）基于复杂性科学理论和协同理论，分别从合作与协调机制、动力机制和保障机制三个角度，建立科技金融服务平台的运行机制，其运行机制包括产学研结合机制、风险共担机制、激励机制、协同创新机制、政策导向机制等。齐美东等（2015）认为科技和金融存在天然的耦合关系，其渗透性、关联性较为突出，科技金融服务平台的运行机制应将二者深度融合作为切入点，形成以项目部制为参照，以信用服务为根本，以投资服务为主体，以中介服务为桥梁，将科技金融政策及信息服务作为支撑的共享共建型科技金融服务平台运行机制。徐莉（2017）在供给端视角下，对科技金融服务平台的构建及运行机制展开研究，认为科技金融服务平台的运行机制应从供给端的参与者出发，综合考虑平台建设、管理服务、功能定位、监督服务和中介保障措施等方面，由政府引导，科技金融服务方主导，实施市场化运作，并且平台功能需不断完善，以更好地为需求方提供科技金融服务。

从科技金融服务平台建设实践来看，曾蓉（2019）通过总结成都"科创通"服务平台的科技金融服务实践经验，认为应搭建科技金融服务场景，创新科技金融服务平台运行机制，积极引导金融机构、创业投资等各类资本参与，研发科技金融服务产品，帮助初创期科技企业解决融资难题。胡翔、李明、李可等（2019）对乐山市科技金融信息服务平台建设展开系统性研究，以科技金融服务为中心，结合乐山市科技产业特点，搭建金融服务载体，建立乐山市科技金融信息服务平台，推动科技创新与金融创新良性互动，涵盖企业备案、参与主体、核心技术环节、多元化科技金融产品和科技金融服务、政府增信、政策导入、业务流程、工作流程、数据标准与数据接口、信息互通等内容，形成科技资源与金融资源深度融合的长效机制，为乐山市科技企业提供融资信息、融资咨询、政策融资等投融资综合科技金融服务。曹红志、李瑞霄、王利敬等（2020）基于石家庄科技金融服务平台实践经验，从科技企业、金融组织和平台双向链接等三个角度，建设具有石家庄产业特色，充分发挥政府引导作用，形成科技金融和科技产业政策联动机制，整合银行、保险、知识产权等机构资源，以区块链、云计算和大数据为核心的综合性科技金融服务平台。罗广宁等（2020）基于广东省科技型中小企业融资信息服务平台建设实践，探讨科技金融服务平台的构建原则和运行机制，包括企业融资信息收集体系、企业与金融机构对接机制和科技金融服务平台基本功能模块等核心要素。

概括而言，科技金融服务平台通过发挥平台资源整合优势，创新科技金融服务模式和科技金融服务产品，满足科技企业的金融需求，破解创新创业过程中的资金难题，为科技型中小微企业提供了资金支持和增值服务，推动科技产业创新发展，已成为地方经济实现高质量发展的重要抓手。

六、科技金融服务平台运行模式

科技金融服务平台是支持科技企业发展的重要手段，从科技金融服务平台的内涵来看，其是一个多主体、多层次、多元化的科技金融服务系统。在科技金融服务平台发展的过程中，政府起到了关键性的推动作用，政府从不同方面对科技金融服务平台进行了管理与指导，在对科技金融服务平台运行模式进行分析时需要重点考虑其参与主体、业务流程以及绩效评估等方面。

政府引导资金和科技金融政策是构建科技金融服务平台的两大基石，随着科技金融不断融合发展，政府正日益发挥重要的引导和支撑作用，目前，我国绝大多数科技金融服务平台以政府主导模式为主。李乐、毛道维（2012），毛有佳、毛道维（2012）基于苏州市科技金融网络实践，发现在科技金融交易结构中，融入政府财政资金，可以充分发挥政府信用对科技创新与金融创新的推动作用，有效增信科技型中小企业，降低金融机构的风险和交易成本，促进科技与金融的融合；苏州市科技金融发展实例可为加强政策性金融市场化运作，推动科技创新与金融创新结合，提高财政资金运用的杠杆效应提供借鉴和范例。陆珺花、梅姝娥、仲伟俊（2014）系统分析现有科技金融服务平台的局限性，认为信息不对称、建设不完善和高风险、轻资产特点是导致科技金融服务平台难以获得成功的主要原因，鉴于科技金融服务平台交易量偏小，使用频度偏低，建议采用全生命周期为理论基础，不断完善自有企业信息库，加强垂直搜索，从开放性和易用性的角度，设计功能结构框架，完善平台服务模式。江积海、张烁亮（2014）

认为,现有科技金融服务平台往往存在协同规则缺乏、策略机制欠缺、运营主体不明、商业模式不足、项目发现滞后等五大瓶颈,通过引入价值网PARTS模型,可以更好地发现平台运作过程中存在的问题,改进科技金融服务平台运作模式。

龙小燕、贾康(2015)进一步将我国科技金融服务模式划分为政府投资型、与政府合作型和新型民营型三种类型,政府投资型科技金融服务模式处于主导地位;金融机构是促进科技与金融结合的主力军,科技与金融融合发展,离不开政府与金融机构的深度合作;促进技术创新和实体企业发展,实现科技资源与金融资源的结合,需要加强金融机构与政府合作,发挥双方优势力量。王霞、傅喻(2015)围绕建设兰白实验区科技金融综合服务平台,创新财政科技投入方式和科技金融服务平台模式,涵盖企业成长阶段的全过程金融支持、企业融资产品的全面提供、增信服务的全流程、服务资源的跨界整合、服务机构的全程参与、服务地域的全面覆盖、线上线下的全方位服务等六个"全"面内容。姜安印、刘晓伟(2015)认为,为科技型中小企业提供投融资服务和进一步完善区域金融生态环境是科技金融综合服务平台的两个重要功能,应借助互联网金融快速发展机遇,创新科技金融服务平台模式,提高科技金融服务的高效性和便捷性。李毅光、毛道维、倪文新(2016)通过对国内首批16个政府主导设立的科技金融服务平台的运行模式进行分析,整理其成功经验发现,引导性的财政资金补贴和公益性的政府服务是政府主导型科技金融服务平台取得成功的关键。

郑祥龙(2016)通过对科技金融服务平台中新型商业模式的内涵、构成要素,以及众包、众筹和预售这三种商业模式展开研究,归纳出成功案例的构成要素框架、业务处理流程和盈利方式等,为相关商业模式在科技金融服务平台中应用提供借鉴和参考。鉴于众筹模式作为新兴互联网商业模式，可为科技企业拓展新的融资渠道，束军意（2016）系统分析科技金融服务平台众筹模式的系统架构、应用方式和利益相关者，在此基础上，设计科技金融服务平台众筹模式的业务处理流程、价值创造过程和盈利方式。王丰（2017）对比分析美国、日本、韩国、印度和以色列等五个国家和地区中小企业政策性金融体系的差异，梳理我国政府支持科技金融发展现状、模式和存在的主要问题，在此基础上，就科技金融服务平台模式创新、财政投入方式、金融服务碎片化等问题给出相应政策建议。作为科技与金融深度融合的产物，互联网金融具有普惠特性，可以减少交易双方信息不对称性，能够有效降低科技型中小企业融资成本，邝丹（2017）对互联网金融服务科技企业的现有融资模式进行了探讨，丰富了科技金融服务平台互联网金融模式的创新金融形式。

王秀芳、于濛、程月（2018）对京津冀共同建设科技金融服务平台展开研究，发现京津冀区域科技金融资源利用和协同创新发展能力均有待提高，提出需充分发挥三地政府在科技金融平台建设中的引导作用，形成政府主导型科技金融服务平台，并联合创建科技金融服务公司、科技创新引导基金和科技信贷担保公司，负责京津冀科技金融服务平台运营、资金引导和融资风险分担工作。段紫薇（2018）认为，科技金融不仅能够帮助企业渡过危机，还能够产生正溢出效应，创造社会福利。通过对现有科技金融服务平台展开对比分析，将目前的科技金融服务平台细分为"政府主导型""政府参与型"和"市场主导型"，并深入企业调研走访，找出广东省科技金融服务平台存在的不足，包括融资来源有限、金融机构专业化产品缺失、中介服务机构参与少、缺乏完善的信用评价体系和担保体系等，建议采用"政府主导—政府参与"的一体化科技金融服务平台运营模式和收费管理机制。刘美娟（2019）、胥月（2020）分别基于"政府主导型"盈创动力科技金融服务平台，对科技金融服务平台模式展开研究，包括科技金融服务平台服务体系、运行模式、竞争优势、市场化运作机制等多方面内容，并就如何发挥政府引导作用，加快投融资市场培育，提升科技型中小企业资金流入，破解企业面临的融资约束，给出相应的解决方案。唐茂（2020）、吴婵君（2020）分别对政府主导型的哈长城市群科技金融综合服务平台和浙江省科技金融服务平台模式展开研究，包括以创业投资引导基金、创投服务中心、科技银行和科技担保为主体的"四位一体"模式，探讨其主要成效和存在的问题，给出相应的优化建议，为科技金融服务平台开展服务模式创新提供参考。

通过文献梳理，将科技金融服务平台运行模式的核心内容归纳如下。

（一）运行模式

目前，科技金融服务平台主要分为政府主导型科技金融服务平台、中介主导型科技金融服务平台以及社会资本主导型科技金融服务平台。政府主导型科技金融服务平台主要是由政府部门作为建设主体，通过投资或政策支持的方式组建，该类科技金融服务平台能够充分利用政府资源优势，弥补市场缺陷，有利于快速整合相关资源，推动地区产业结构优化升级。商业主导型科技金融服务平台是由大型企业作为建设主体，通过政策支持或者直接投资的方式组建成立的，该类科技金融服务平台能够充分发挥市场机制作用，通过市场化手段来推动产业结构调整升级，能够快速聚集社会资本资源，有利于提高区域整体经济水平。

（二）参与主体

科技金融服务平台主要包括四大参与主体，分别是政府、科技金融机构、科技企业和第三方中介服务机构。其中，政府是科技金融服务平台的主导，它主要是从政策上对平台进行引导，并提供必要的政策支持。科技企业是科技金融服务平台的参与主体，它在政府政策引导下，开展科技创新活动。第三方中介服务机构主要以科技企业为服务对象，通过专业技术等手段为科技企业提供投融资、创业辅导、战略咨询等业务。此外，第三方中介服务机构还可以为科技金融服务平台的发展提供人力资源方面的支持。通过政府、科技企业和第三方中介服务机构的共同努力，可以构建一个科学合理的科技金融服务平台。从政府角度来看，政府要通过法律法规和制度建设对科技金融服务平台进行管理和引导；从科技企业角度来看，需要科技金融机构提供全方位的科技金融业务流程。

（三）政府引导作用

在科技金融服务平台中，政府、企业、中介机构和银行都是其中的参与主体。政府发挥着重要的引导作用，在科技金融服务平台的运作中需要对其进行监管和指导。政府通过制定法律法规，规范平台运营主体行为，明确各方权利、义务和责任，从而使其能够在规范有序的环境下运行。而对于科技金融服务平台来讲，政府则是其运行的主导者，不仅提供制度环境和基础设施建设支持，还提供相应的资金支持。在科技金融服务平台中，政府扮演着引导者的角色。应通过对科技企业信息、经济发展状况、市场需求情况以及科技金融服务平台中有关技术创新、市场开拓和人才引进等方面的信息进行搜集整理，并提供给中介机构和其他主体，从而促进科技金融服务平台健康发展。

（四）绩效评估

为了评估科技金融服务平台的绩效，可以采用多种评估方法，比如定性与定量相结合的分析方法，具体包括以下三种。第一种是定性分析法。采用这种方法进行评估的过程中，需要对评价指标体系进行构建。在该指标体系中，指标权重的设定与具体值的设定会直接影响到最终绩效评估的结果。第二种是通过大量统计数据和一些定量分析方法进行评价，主要包括指标计算、相关分析、因果分析和主成分分析等方面的内容。第三种是通过对科技金融服务平台在一定时间内的绩效目标进行研究和讨论，对实现目标后产生的绩效情况进行研究与讨论，可以进一步了解该平台在实际运行过程中产生的效果。综合上述几种方法，可以对科技金融服务平台做出全面且客观的评价，从而对其发展情况做出科学、准确、合理的判断。

（五）数据安全

随着大数据时代的来临，数据在经济发展中的作用越来越重要。为了推动我国经济快速发展，政府积极对相关数据进行收集、分析与共享。但与此同时，由于相关法律制度不够完善、数据安全管理措施不到位等原因，导致在进行数据分析、利用过程中产生了一系列问题。这些问题涉及企业的隐私保护，同时还会造成数据安全隐患。因此，政府需要加强对数据安全的管理，对平台运行中存在的数据安全风险进行分析，并制定相应措施来进行防范。

（六）信用建设

在科技金融服务平台的运行过程中，信用建设是最重要的内容之一，对科技金融服务平台的发展有着至关重要的作用。信用是市场主体从事经济活动时所表现出来的对未来预期收益的一种主观期望，也是市场主体履行契约的能力。科技金融服务平台运行过程中信用建设主要包括两个方面。一是信息共享机制的建立。信息共享机制可以加快科技金融服务平台信息搜集、整理、分析以及披露的速度，从而帮助科技金融服务平台提高工作效率。二是信用评价机制的建立。在进行信用评价时，要有科学合理的评价标准。科技金融服务平台要以市场为导向，建立起符合市场发展规律和以满足社会需求为目的，能够客观、真实地反映出科技企业发展状况和信用状况的信用评价体系。在科技金融服务平台运行过程中，要对信息进行收集与整理，建立起完善的信息披露制度。

（七）知识产权管理

知识产权管理是指知识产权管理部门对企业的知识产权进行识别、评估、控制、利用，以保障企业权益的一系列活动。科技金融服务平台对其支持的科技企业，在进行知识产权管理时可以从以下几方面着手。首先，需要根据国家相关法律法规要求，规范和健全其知识产权管理工作，建立健全相关的知识产权管理制度和体系。其次，采取必要的手段对其支持的科技企业的知识产权状况进行跟踪和监管，如定期收集科技企业提交的知识产权申请、变更、使用情况及维权情况等资料，并及时将这些资料提供给政府相关部门，以便其对科技企业进行监督。再次，可以利用互联网技术建立自己的知识产权信息平台，在此平台上注册登记科技企业并及时向政府相关部门提供所需信息。同时可以根据自身需求设立知识产权申请受理窗口和服务咨询电话，向社会提供申请受理、审查、保护、管理等方面的服务。最后，可以针对科技企业自身的特点和需要，对其支持的科技企业进行分类管理。

本章分别从科技金融服务模式国际比较、科技金融服务体系、科技金融质效评价、科技金融融合发展、科技金融服务平台运行机制和科技金融服务平台模式六个角度，梳理了国内学者对于科技金融服务平台的研究结论和主要观点，目的是为后期科技金融服务平台的服务模式、金融产品、服务体系、绩效评价等核心内容提供理论基础和实践依据。总体来说，现有理论成果较为丰富，对构建科技金融服务平台具有较强的指导价值。现有研究成果存在的不足主要有以下几点：一是关于科技金融服务产品的研究存在局限性，和科技金融服务的发展相脱节；二是关于科技金融服务体系的研究缺乏科学的因素分析和系统的内容设计；三是关于科技金融服务质效评价的量化分析方法，在全面性、科学性方面有待完善；四是关于科技与金融融合发展的研究还有待进一步深入；五是科技金融服务平台运行机制相关研究需更加完善，尤其是在平台建设、功能定位、政策引入、中介服务、监督管理和保障措施等方面，以更好地为需求主体提供高质量的科技金融服务；六是科技金融服务平台模式有待创新，以满足日益增长的科技金融服务需求，推动科技产业持续健康发展。

第三章 科技金融服务平台的中国实践

一、科技金融服务平台国内发展现状

20世纪80年代，我国金融市场已出现了科技信贷、科技开发贷款、科技银行等金融业务术语，如在1985年发布的《中共中央关于科学技术体制改革的决定》中已经提出设立创业投资，开办科技贷款的措施。但受市场经济规模所限，科技金融类业务没有广泛开展，还没有对科技创新产生决定性的推动作用，科技与金融的耦合程度相对较低。

随着我国科技产业的不断发展，对金融创新提出了更高的要求，金融侧须为科技企业提供更为高效、便捷、专业、多样的科技金融服务，包括风险投资、科技信贷、科技资本、科技担保和科技保险，以及相关政府政策推动等。在此背景下，能够汇聚各方资源，为科技企业提供更为多元化金融服务的平台孕育而生，特别是近几年，随着国内科技产业的蓬勃发展，各地科技金融服务平台如雨后春笋般涌现，称呼也不一而足，包括科技金融信息服务中心、科技金融发展中心、科技金融信息服务平台等。

由于我国科技金融服务模式是以政府主导模式为主，国内科技金融服务平台往往是在当地政府某个部门主导下建立的，因而往往特色鲜明，科技企业规模、平台金融产品和开展的金融业务较为有限，表明我国科技金融服务平台目前还不足以覆盖整个科技企业群体，科技金融服务平台的发展还有很大空间。

二、国内优秀科技金融服务平台的核心要素

科技金融服务平台通过为科技企业提供多元化的科技金融服务，有效地解决了科技企业金融需求难题，为科技创新发展提供了有效动力。通过对北京科技金融发展服务中心、上海市科技金融信息服务平台、广州市科技金融平台和深圳市科技金融服务中心等国内优秀科技金融服务平台的服务模块进行对比分析，发现一个具有完整科技金融服务体系的科技金融服务平台主要由智能平台、资本对接、公共服务、增值服务、资源对接、科技成果转化、政策导入、企业社群等八大核心要素构成。

智能平台：通过智能平台，打通业务办理的有效通道，实现OA办公自动化（内部通协作、信息与资料共享、文档管理、工作流程、辅助办公、分布式办公）、ERP系统（公司运营各模块）、推动企业信息共享及大数据实景分析，保证科技金融服务资源的有效对接。

资本对接：依托平台集聚优势，建立入驻企业有效的资本对接渠道，推动私募股权基金对入驻企业的资金扶持、银行贷款、并购重组、管理层收购、承销发行、挂牌上市等。

公共服务：依托物理空间，为入驻企业和机构提供高速网络、前台服务、保安服务、保洁服务、行政支持、打印设备、茶水间、食堂等优质高效的公共服务。

增值服务：包括企业培训、辅导咨询、工商服务、知识产权评估、人力资源、人事社保、财税服务、科技保险、法律顾问、政策申报、企业培育、上市辅导等，将有效促进入驻企业深层次发展，推动更多的优秀科技企业不断提升自身价值，有机会成为上市企业。

资源对接：建立有效的资源对接渠道，实现项目采购、市场交易、人才招聘、客户谈判、商务合作等功能。

科技成果转化：建立有效的科技成果供需对接渠道，引入专业评估机构对科技成果进行科学评估，实现科技成果网络超市等功能。

政策导入：建立科技金融相关政策的有效信息源，实时获取政策，进行政策梳理及分析，并积极为入驻企业进行政策导入。

企业社群：打造企业及企业家有效交流的服务平台，定期进行企业家交流分享活动，建立企业家私董会，吸引企业参访，成立企业联盟，形成完善的企业社群体系。

三、科技金融服务平台的总体建设目标

建设科技金融服务平台，是加强科技金融服务体系建设的重要举措。平台重点是为中小微企业提供科技金融服务，力争使平台成为中小微企业和创业团队创新创业的"孵化器"，为大众创业、万众创新提供新的发展载体。为进一步完善科技金融服务体系，充分发挥好科技金融服务平台对引导社会资金流向中小微企业、促进"双创"发展的作用，努力营造有利于自主创新的金融环境、政策环境、市场环境和法治环境，逐步形成政府引导、市场主导、多方参与、相互促进的良好局面，对科技金融服务平台的建设目标提出如下构想。

（一）实现政府、科技企业、金融机构和创投机构等多方共赢

科技金融服务平台是政府、金融机构、创业团队、创投机构等各方力量共同参与的科技金融服务平台，也是一个政府引导、市场主导、多方参与的科技金融服务体系，旨在通过创新制度环境，优化科技金融生态，支持科技型中小微企业发展。政府为平台提供政策支撑和制度保障。以科技金融服务平台为载体，重点打造"创业孵化—融资支持—退出服务"体系；为创业孵化提供优惠政策和资源支持；为企业提供投融资对接服务；帮助企业解决资金链短缺等问题，搭建政府与企业、金融机构与创业团队以及创投机构之间的交流合作平台。

科技金融服务中心以网络平台为主体，依托实体载体，通过政府引导和市场主导的方式，广泛汇聚各类金融机构、创新型企业、创业团队、创投机构、中介服务机构、企业社群等各方力量参与平台建设。首先，鼓励银行将科技金融服务中心作为科技企业的融资对接平台。鼓励银行针对科技型中小微企业开展专门的信贷产品创新，建立专门的审批机制和授信制度，提高对科技型中小微企业贷款投放的积极性。鼓励银行充分利用科技金融服务中心的资源优势，通过"银政合作"等方式引导银行业金融机构积极向科技型中小微企业提供信贷支持。其次，鼓励创投机构为科技型中小微企业提供投融资对接平台。鼓励创投机构在科技金融服务中心设立专业团队和专家顾问团队、建立项目储备库和项目融资对接机制；引导创投机构与金融机构合作开展投资项目对接等。最后，鼓励科技企业和创业团队通过自身积累或股权融资等方式获得更多的资金支持。同时充分发挥政府引导基金对中小微企业融资的支持作用；利用科技金融服务中心作为科技金融业务平台的优势和功能，进一步提高创业投资管理能力和水平。

（二）建立并完善多层次科技服务体系

根据科技金融服务平台的定位，要按照"政府引导、市场主导、多方参与、相互促进"的原则，建立健全多层次科技服务体系。

一是政府引导。发挥科技金融服务平台对中小微企业的积极引导作用，努力形成政府主导、多方参与的良好局面。利用科技金融服务平台的优势，为中小微企业提供创业培训、法律援助和知识产权保护等公共服务。

二是市场主导。发挥市场在资源配置中的决定性作用，运用商业信用方式，鼓励各类金融机构积极参与，完善服务功能、创新服务模式、提高服务质量，推动科技金融服务平台在促进"双创"发展中发挥更大作用。

三是多方参与。积极引导民间资金、社会资金等社会各方力量参与，提高科技金融服务平台对中小微企业的吸引力和影响力。

四是相互促进。充分发挥科技金融服务平台的资源集聚和扩散效应，引导社会资金流向中小微企业，促进创业创新；通过提供政府补贴等形式激励创新创业；鼓励支持中小微企业积极主动与创业团队对接，获取人才、技术等资源要素支持；推动科技金融机构与创业投资机构深入合作、相互支持，共同推进中小微企业创新发展。

五是持续优化。不断健全完善相关制度体系，保持科技金融服务平台持续健康发展；不断拓宽资金来源渠道，支持中小微企业和创业团队融资；不断强化人才队伍建设和能力提升，打造一支高素质、专业化的人才队伍；不断优化完善组织架构和管理制度，形成规范化运作机制；积极推进与专业投资机构的合作，完善管理和运作模式。

六是加强监管。认真履行政府在促进科技金融发展中的职能定位，把科技金融服务平台建设成为推动经济社会发展的重要载体、创新创业的重要平台以及支撑保障科技金融健康发展的重要力量。建立并完善"事前把关、事中监控、事后评估"的监管机制,确保平台安全高效运行。

(三)推动科技企业创新发展

科技金融服务平台要充分发挥创新驱动作用,成为创新创业的载体,进一步激发科技企业创新创业热情。

一是要支持中小微企业和创业者增强自主创新能力。通过科技金融服务平台,搭建集科技项目与创业团队对接、技术与资金对接、信息与资本对接于一体的创业服务平台,以促进科技成果转化,推动科技企业创新发展。

二是要提升中小微企业的管理能力和经营水平。通过科技金融服务平台,建立完善中小微企业经营管理与金融投资相结合的服务体系,通过引进高水平专业管理团队,优化企业内部管理流程、加强企业经营管理能力,提高企业综合竞争力。

三是要提升中小微企业的社会责任意识。通过科技金融服务平台,积极引导中小微企业关注国家的产业政策、地方经济社会发展目标和企业自身发展需要,建立良好的社会责任感和使命感。

四是要深化金融与科技的融合创新。通过科技金融服务平台,大力开展金融创新,建立健全多层次、多形式的科技金融服务体系;开展创新创业教育,加大对青年创业人才的培养力度;积极引入私募股权投资基金、天使投资人等创投机构,培育和引进高层次金融人才;加强与高校院所在信息技术、生物医药、新能源等方面的合作交流。

五是构建"政银企"合作新机制。政府是构建科技金融服务平台的重要力量。通过科技金融服务平台组织各种形式的政银企对接会、座谈会等活动,鼓励政府相关部门向银行推荐有市场潜力和发展前景的高新技术企业和科技型中小企业,推动银行与各类创新创业主体深度合作、实现互惠共赢。充分发挥政府引导作用，建立多层次政银企对接机制和工作平台，研究制定有关支持政策，构建服务体系。

六是健全多元化融资格局，加大信贷投放力度。依托科技金融服务平台渠道优势，大力发展知识产权质押贷款、商标专用权质押贷款、股权质押贷款等知识产权质押融资业务；支持科技企业发行债券及上市融资；推动"政银企"对接活动常态化、制度化、长效化；积极引入银行保险机构参与平台建设、合作开展业务和提供服务。大力发展创业投资。引导私募股权投资基金加大对具有技术创新性、商业模式新颖的优质项目的投资力度；积极吸引外资加大对科技型中小企业的股权投资；鼓励保险机构创新保险品种和保险服务模式，加强风险保障；探索开展"创业投资引导基金＋专业担保机构"模式；积极吸引风险资本加大对科技型中小企业的股权投资。

（四）搭建科技型中小微企业各项信息发布和交流平台

以金融科技手段，及时准确地公开企业经营管理和技术创新的信息，提供给服务平台，便于平台用户对企业进行分析，为创新项目寻找风险投资提供决策参考；通过交流平台，为中小微企业和创业团队了解融资政策、行业动态、企业动态提供渠道和便利。利用信息化手段，为科技金融服务平台上的中小微企业提供信息发布、交易撮合等服务。

针对中小微企业融资需求信息不对称，信息获取成本高、渠道少的问题，将国家和地方的科技创新政策和扶持中小微企业的财政资金扶持政策集中发布，使社会各界可以通过公开平台及时了解各类政府资金的支持方向、范围、申请流程等情况，提升中小微企业获得财政资金支持的透明度。将国家和地方有关扶持中小微企业的财税政策集中发布；为中小微企业提供便捷、高效的财税服务；建立对中小微企业扶持政策实施情况跟踪反馈机制。

　　建立中小微企业融资需求信息交流平台。以国家和地方有关财政资金支持为依托，面向中小微企业发布融资需求信息，对财政资金支持过的项目开展定向推介活动；鼓励有条件的地方设立中小微企业融资对接平台。整合科技金融服务资源，搭建资源共享平台；实现科技金融服务资源与中小微企业需求信息有效对接。面向社会公开征集创业团队、科技项目和融资需求信息。根据行业特点、市场需求等确定合作对象，通过对接平台实现资源共享；建立有效的沟通机制，及时了解合作项目实施情况和效果，不断改进服务；利用金融科技手段在信息上建立有效隔离机制和数据安全机制，确保信息安全。

（五）加强融资服务机构和科创企业的有效对接

　　金融服务机构作为融资服务的重要环节，其工作质量和服务水平直接关系到金融支持中小微企业的效率与质量。科技金融服务平台通过自身建设、整合资源，积极主动地与地方金融机构、信用担保机构等搭建平台，通过举办培训、座谈会等方式，为科创企业提供融资信息推介、征信服务，对各类信用评级和信用评估结果进行公示，逐步构建起与政府机构、专业担保机构的沟通桥梁。同时，积极向融资服务机构提供中小微企业发展的相关信息，帮助其科学制定发展规划，为各类融资服务机构提供决策参考。在此基础上，将融资服务机构的业务情况向科创企业进行反馈，使得投融资双方在信息共享中不断提高信息匹配的效率与水平。

1. 为科创企业提供融资推介服务

　　融资推介服务是科技金融服务平台为中小微企业提供的重要的融资渠道，能够有效降低中小微企业的融资成本。融资推介服务一般包括信息发布、路演活动、融资对接等环节。科技金融服务平台利用自身优势，定期向中小微企业和地方金融机构发布融资需求信息，同时积极组织召开金融机构座谈会，为中小微企业进行全方位的融资推介服务。此外，平台还会定期组织与中小微企业相关的投融资活动，帮助企业与相关机构建立联系，帮助企业在投融资过程中找到合适的机构。通过举办沙龙、培训等方式，提高中小微企业对各类金融服务机构的认知度，同时使金融机构更加了解中小微企业的实际需求，帮助科创企业获得更好的融资服务。

2. 为融资服务机构提供信用评级、征信等信息

融资服务机构是融资活动的重要参与方，其工作质量与效率的高低，对融资需求的满足程度至关重要。为及时获取融资服务机构的信用评级、征信等信息，科技金融服务平台在业务开展过程中，积极主动地与地方金融机构、信用担保机构等建立常态化联系，通过定期召开座谈会、走访调研等方式，全面了解各类融资服务机构的业务开展情况与工作成效，并结合科创企业的实际需求，对其在工作中发现的问题进行反馈。同时，平台通过向融资服务机构提供科创企业的发展情况、行业前景以及融资需求等信息，为其进行业务宣传和风险提示；同时结合自身平台优势与资源优势，定期为融资服务机构提供政策、技术、法律、财务等方面的培训和讲座，帮助其提升专业水平，更好地满足科创企业和各类融资服务机构的需求。此外，平台还可以利用自身大数据技术优势为信用评级、征信等信息的采集提供帮助。

3. 建立投融资对接机制

针对科创企业和融资服务机构的不同特点，建立起政府、投融资机构、企业之间的有效沟通机制。其中，政府方面，作为统筹管理科技金融工作的部门，可以与科创企业和融资服务机构建立直接联系，及时反馈投融资需求和信息，为双方牵线搭桥；投融资机构方面，在业务开展过程中可主动对接科创企业和融资服务机构。同时，政府应建立资金使用效果评价制

度和科技金融工作考核机制，督促金融服务机构及时提供有效信息、积极开展业务创新、提供优质高效的服务。通过建立高效的对接机制与平台管理机制，实现投融资双方信息的互通和有效沟通，进而建立起政、银、企之间的良性互动机制。

（六）降低银行放贷风险，提高银行放贷效率

（1）为保证银行贷款资金的安全，科技金融服务平台会为银行提供真实可靠的信息数据，以便银行可以准确判断客户的还款能力和还款意愿，并对借款人提供一定的风险预警，而不是仅凭企业的主观信誉来放贷。

（2）由于信息对称，银行也可以更加准确地了解客户情况和判断其还款能力和还款意愿，从而更有信心和把握地发放贷款。同时，平台会通过对借款人的风险预警以及在借款人出现逾期时向其发出提醒等方式，对借款人的风险进行提醒。

（3）银行会根据平台的信息数据和监控预警结果，与企业共同商定适合其发展特点的信贷方案、利率条件和担保条件，避免出现因过度放贷而形成不良贷款或产生坏账。

（4）为了降低银行放贷风险，平台会充分利用科技金融服务平台上积累的信用数据及分析方法、模型等优势，提供多种类型担保和信用增级措施、多层次风险分散措施、多层次反担保措施以及多元化贷后管理服务等一系列适合企业发展特点的金融服务产品，提高银行放贷效率。银行也可以根据自己的实际需要，选择适合本银行或本企业产品的金融服务方案。

（七）建立有效的资源对接渠道，实现项目采购、市场交易、人才招聘、客户谈判、商务合作等功能

（1）建立有效的资源对接渠道，将政府机关、企事业单位的采购项

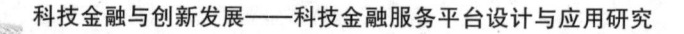

目和信息发布到平台，实现资源对接，让更多的有需求的中小微企业和创业团队，能够方便快捷地了解相关信息和政策，获得服务支持。

（2）建立有效的市场交易渠道，实现资源交易。利用平台进行科技金融相关服务，使政府机关、企事业单位采购项目时能够在平台上找到所需的服务；利用平台的电子商务功能，将各种需求信息发布在平台上，实现资源交易；利用平台提供的人才招聘和创业团队招聘功能，实现企业与人才的需求对接。

（3）充分发挥平台服务功能，使更多的企业和创业团队能够在平台上找到所需人才和合作伙伴；建立有效的商务合作渠道，使更多企业能够在平台上找到所需资源和合作伙伴。

（4）建立中小微企业贷款风险补偿机制。以政府出资为引导、担保为主体、银行贷款为辅助、投资为补充，共同承担损失风险。例如，政府出资承担10%部分损失风险，担保机构承担40%部分损失风险，银行承担50%部分损失。

（八）提供专业化科技服务，促进行业自律发展

推动政府、金融机构、投创机构、中介服务机构和科技企业等平台主体，联合网络平台研发机构，共同研发金融科技服务平台，采用多种先进技术手段，为中小微企业提供专业化、智能化的科技金融服务。在新的发展时期，要积极应对新挑战和新机遇，围绕科技创新、服务实体经济的核心理念，努力构建以创新为驱动的投融资服务体系。随着我国经济体制改革不断深化、财政资金投入机制不断完善、金融改革进一步深化以及社会资金投入力度加大等多重因素的影响和作用，科技金融将会迎来新一轮快速发展时期。

平台将本着"服务实体经济"的宗旨，充分利用政府在科技金融领域

的政策优势、科技部门的信息优势、财政支持优势以及专业服务机构的综合服务优势，积极整合政府、金融机构、创投机构企业、科研院所、中介服务机构和科技人员等多方面力量，以创新驱动为核心，以大数据技术为支撑，以专业化服务为手段，全面推动科技金融服务平台建设。通过线上与线下相结合，实体企业与资本市场相结合，专业机构与政府扶持政策相结合的模式，共同搭建起一个专业化、社会化的科技金融服务平台。平台将通过多层次、多渠道的资本市场体系构建、财政资金引导、投贷联动服务模式创新等方式，积极探索科技金融服务平台的建设路径与方式，逐步建立起规范、透明的科技金融市场机制，进而有效提高金融服务实体经济的能力和水平。

（九）科技金融服务平台发展前景

科技金融服务平台将深入研究与探索科技金融服务新模式、新业态及新技术应用，不断完善平台自身功能结构、升级服务能力以及提升服务品质。同时依托互联网科技与大数据技术优势，通过不断扩展和延伸平台在全国的辐射能力和服务网络覆盖范围，最终打造一个以科技为基础、金融为核心、政策为导向的创新型科技金融服务生态圈。平台将进一步优化资源配置，汇聚全国优秀的行业专家、金融机构和产业资源进行联合协作，共同实现中国特色科技金融服务新模式、新业态。

（十）建立科技金融相关政策的有效信息源，为入驻企业进行政策导入

政策信息是企业入驻科技金融服务平台的重要因素，但目前政策信息获取渠道主要为政府网站、中介机构、银行、科研院所和专业市场，渠道不畅，效果不佳。为解决这一问题，科技金融服务平台将建立有效信息源，

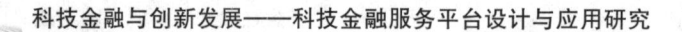

为入驻企业提供政策信息，提高企业对政策信息的可获得性。一方面，建立政策库，包括政府和各部门制定的针对创业投资基金、风险投资基金等各类创投机构的优惠政策、针对企业科技创新和技术成果转化方面的支持政策等。另一方面，建立企业需求库，根据入驻企业的实际需求，进行分类整理，建立分类目录，以方便入驻企业查询。

科技金融服务平台信息源将由以下部分组成。

（1）政府资讯。主要包括地方政府发布的各项科技金融扶持政策、工作动态等。可以是综合性和针对性相结合的，如关于支持创新创业、科技金融、政府引导基金、高新技术产业等方面的政策信息都可以收集整理出来。

（2）投融资服务机构信息。可以是行业协会或专业机构，如中关村创业投资协会与全国各行业创业投资机构建立了紧密联系，收集了大量相关行业资讯，并对这些资讯进行整理分析，可以帮助入驻企业了解相关行业情况和投融资信息。

（3）各创投机构及中介机构发布的最新活动及资讯。

（4）金融机构及担保机构发布的与创业投资及投融资服务有关的活动和资讯。可采取合作形式进行。

（5）有关企业管理咨询服务机构发布的与企业管理有关的资讯。

（6）法律咨询服务机构发布的法律信息等。

（7）投融资策划服务机构发布的相关活动和资讯。根据实际情况采用多种形式进行汇集整理。如举办投融资对接会，组织投融资交流沙龙等活动。

（十一）打造企业及企业家有效交流的服务平台，成立企业联盟，形成完善的企业社群体系

科技金融服务平台建成后，为了维护平台企业共同利益，按照契约精神和合作目的，组建企业联盟，联盟成员之间利益共享、风险共担，并按照相关规定享有相应的权利和承担相应的义务。

（1）科技金融服务平台建成后，充分利用好平台企业资源，主动联系有相关需求的企业，提供有针对性的服务。通过为企业提供项目推介、产业调研、培训交流、项目申报等服务，实现资源共享、优势互补。

（2）针对不同行业领域分别成立专项服务团队。比如针对产业发展趋势、产业政策制定等问题研究，组建相应行业研究团队；针对企业在不同发展阶段面临的资金、人才等需求，组建创业指导团队；针对企业发展中遇到的困难和问题进行专项辅导；围绕国家的宏观经济政策和区域发展政策开展专题调研；针对企业发展中遇到的"痛点"进行技术攻关等。

（3）发挥好企业联盟会员之间的相互沟通作用。企业联盟定期举办沙龙活动，为会员企业提供学习交流机会。邀请相关领域专家学者及企业家举办讲座和开展辅导，使企业家们了解到新思想新动态。利用企业联盟平台上形成的资源优势、品牌优势，与金融机构形成合作关系，帮助企业解决融资难题，促进企业可持续发展。

（4）企业联盟成立后定期举办专业论坛，邀请相关领域专家学者和企业家分享经验成果。通过为会员企业提供专业服务促进中小企业发展和经济增长方式转变，推动各地经济社会协调发展。

（5）企业联盟成员单位积极参与相关活动。联盟积极组织有关行业协会、商会和科研院所等单位在区域内开展各种形式的交流活动。通过组织交流和考察等形式参与平台举办的各类活动，全面提升联盟成员单位之

间及与地方政府、金融机构之间的合作水平。

（十二）吸引优秀的科技金融专业人才

科技金融专业人才是科技金融平台能否成功的关键，为进一步吸引优秀的科技金融专业人才，采取以下几方面举措。

（1）定期举办科技金融培训班，组织科技金融业务交流活动，提高科技金融服务水平。

（2）设立"科技金融专家咨询委员会"，吸纳一批长期从事科技金融工作的专家学者，为平台发展提供智力支持。

（3）鼓励高等院校和科研院所的科研人员到平台从事科技创新活动，充分发挥大学科技园和孵化器对科技金融发展的推动作用。

（4）积极引进高素质、高水平的专业人才，如各类专业银行、证券公司、信托公司等从事风险管理和资本运作的高级管理人员。

（5）充分利用大数据等现代信息技术手段，建立一支专业化、市场化的科技金融服务团队。

（6）建立"信息共享机制"，整合政府部门和科研院所掌握的创新信息资源，搭建政府与社会资本合作（point to point protocol，PPP）平台，促进社会资本与政府项目对接。

（7）成立专业的团队研究开发适合中小微企业融资需求的信贷产品和服务方式。

四、新形势下科技金融服务平台面临的挑战和现实意义

近年来，随着我国科技企业的快速发展，国家和地方各级政府的大力

支持，科技金融服务平台发展迅猛。一方面，科技金融服务平台在政策支持和市场需求的双重驱动下不断发展壮大；另一方面，部分科技金融服务平台也面临着自身定位不明确、受到监管约束等现实挑战。新形势下，如何实现科技金融服务平台的持续健康发展是一个重大课题，具有重要的理论和现实意义。

（一）创新驱动，推动科技企业规模迅速扩大

随着科技创新的发展，越来越多的科技企业以创新为驱动，实现快速成长，对经济发展带动作用显著。从行业分布来看，新一代信息技术、生物医药及医疗器械、高端装备制造等领域的企业数量占比较高。从地域分布来看，东部地区主要集中在北上广深以及江苏和浙江等地；中部地区主要集中在湖北、湖南、安徽等省份；西部地区主要集中在四川、重庆、贵州等省份。

1.独角兽企业和新经济企业规模快速扩大

我国科技企业创新发展的两个特点值得关注，一是独角兽企业快速增加，由于独角兽企业具有高成长、高收益等特征，在技术、产品或服务等方面拥有颠覆性创新。独角兽企业的成功培育和发展，能够有效带动地区产业转型升级和经济高质量发展。二是以高新技术为支撑，具有核心竞争力的新经济企业数量增长迅速。在新一轮科技革命和产业变革中，随着人工智能、大数据、云计算、区块链等现代信息技术的不断发展和成熟，新经济孕育而生，并逐渐发展壮大，新经济的内涵和外延也在不断拓展。

2.市场主体结构优化调整

市场主体结构优化调整是社会经济结构优化升级的重要内容。在供给侧结构性改革的大背景下，市场主体结构优化调整主要表现为企业规模不断扩大、市场主体实力不断增强、产业结构不断优化。近年来，我国科技

企业不断发展壮大，正逐步成长为经济社会发展的重要力量，给科技金融服务带来更高的要求。

3. 创业企业规模快速增长

随着创业企业规模的快速增长，很多新型业态应运而生，比如网络众筹、网络交易、第三方支付等。与传统商业模式相比，创业企业的规模、服务效率和用户体验等方面均有显著提升。同时，一些传统行业纷纷加入创业大军，将原有的服务模式转变为在线服务方式，或者线上线下相结合进行服务。

（二）需求升级，科技金融服务平台市场潜力巨大

从需求角度看，随着经济发展水平的提升，社会对科技金融服务的需求已经从"有"转向"好"。目前，科技金融服务平台已经成为促进我国科技创新能力提升、促进科技与金融深度融合、降低科技型中小企业融资门槛的重要力量。从供给角度看，我国科技金融服务平台以政府主导为主，市场化程度较低。我国各类科技金融服务平台数量和科技金融服务质量与发达国家相比还有较大差距，还不能完全满足日益增长的科技金融服务需求，还有巨大的提升空间。

1. 国家政策大力支持

科技金融服务平台是促进科技与金融融合、引导金融资源向科技型中小企业集聚的重要载体。国家高度重视平台建设工作，先后发布了一系列政策文件，推动科技金融服务平台建设高质量发展，对科技金融服务平台的支持主要体现在两个方面：一是支持平台建设，二是引导平台创新发展。

2. 民间企业主导型平台市场化程度较高

全国科技金融服务平台主要分为政府主导型平台、民间企业主导型平台和社会中介主导型平台。其中，民间企业主导型平台的市场化程度较高，

这类平台多为以民营企业为主要股东，在科技金融服务领域发挥着重要作用，通过第三方咨询机构、会计师事务所、律师事务所和资产评估机构，能够为平台企业提供创业辅导、投融资咨询、信息资讯、风险投资、知识产权等多种专业化服务。这些市场化程度较高的科技金融服务平台已经成为全国各地促进科技创新和新兴产业发展的重要力量。

3. 发展潜力巨大

随着我国经济的发展，科技与金融融合的程度不断加深，科技金融服务平台也将成为推动科技与金融融合的重要力量。未来，科技金融服务平台将成为链接各类创新资源的重要枢纽，进一步促进全社会对科技型中小企业融资服务需求的释放，为创新创业企业提供"全生命周期"的金融支持。可以预见，在经济高质量发展和创新驱动发展战略的背景下，我国科技金融服务平台将迎来蓬勃发展时期。

（三）服务多元，科技金融服务平台类型丰富多样

科技金融服务平台作为一个创新载体，其类型多样，既有专注于科技企业全生命周期的科技金融服务平台，也有聚焦于产业链某一环节的专业型科技金融服务平台，大体上可以分为三类：一是以政府为主导建设的科技金融服务平台；二是以市场为主导建设的科技金融服务平台；三是以企业为主体建设的科技金融服务平台。

（四）监管加强，科技金融服务平台运行模式面临挑战

科技金融服务平台作为新兴的科技金融服务载体，在我国起步较晚。随着金融科技的快速发展，各种新型平台不断涌现，并且依托互联网等技术手段对传统行业进行改造和颠覆，因此科技金融服务平台发展的同时，也面临着巨大的挑战。

一是定位不清晰。目前我国的科技金融服务平台种类繁多、参差不齐。有的以服务科技企业为主，有的以服务银行为主，还有一些在经营模式上存在同质化现象，导致竞争激烈。如何在竞争中寻求定位、实现差异化发展是影响平台发展的重要问题。

二是缺乏监管和统一标准。由于监管机制不健全，部分平台存在"无照驾驶"现象。例如，部分科技金融服务平台不具备相应资质，甚至违规开展金融业务；有的科技金融服务平台通过投资或设立子公司开展经营活动，存在违规集资的现象等。

三是平台治理机制不健全、法律制度缺失、准入退出机制不完善、交易规则和信息披露制度不健全等问题也是困扰我国科技金融服务平台发展的重要因素。因此如何健全相关管理制度成为亟待解决的重要问题之一，具体方法如下。

1. 积极应对，为服务平台提供发展动力

在国际形势发生深刻变化的背景下，要把为企业服务、为政府服务作为科技金融服务平台的主要定位，充分发挥市场配置资源的决定性作用，激发市场主体活力，推动科技金融服务平台发展。

第一，建立健全政策支持体系。加大对科技金融服务平台的政策支持力度，通过财税政策、资本市场工具以及创新金融产品和服务等措施促进平台健康发展。

第二，明确科技金融服务平台的定位与责任。应以提升科技金融服务水平、培育和发展现代产业体系为目标，建立与现代经济发展相适应的科技金融制度和体系，推进科技创新成果转化为现实生产力。

第三，做好平台准入管理。完善对科技金融服务平台的监管机制，强化准入条件和信息披露要求，依法规范平台经营行为，加强风险防范与处置工作。

第四，提高平台自身造血能力。通过市场化、专业化手段整合资源、提高效率、降低成本，实现可持续发展。

2. 健全政策，为平台发展提供制度保障

在科技金融服务平台不断发展的过程中，国家相关部门也出台了相应的政策，明确了平台的发展目标，健全平台治理机制，为平台发展提供制度保障，从而促进科技金融服务平台的发展，进一步加快推动技术企业创新工作、提升企业技术创新能力、促进重点领域创新成果产业化、加强对创新活动关键环节和重点领域的扶持。

3. 合理布局，为平台发展拓展空间

平台的定位在于为不同类型的科技企业提供金融服务，并发挥辐射带动作用。因此，对平台的合理布局成为关系其发展前景的重要因素。目前，我国已经有部分科技金融服务平台基于各自不同的定位，从传统模式向"平台+资本"模式转型，并取得了一定成效，成为推动区域经济发展的重要力量。

（五）角色定位不清，科技金融服务平台定位和角色定位不明确

目前，部分科技金融服务平台为了抢占市场份额，片面追求经济利益，忽视了自身的定位和角色定位，甚至为了抢占市场而损害了社会公共利益。部分平台的经营模式以商业模式为主，以销售产品或服务为目的，与科技金融的初衷南辕北辙。

科技金融服务平台是一种全新的商业组织形态，其目的是通过为用户提供产品或服务来提高用户黏性，并从中获得利润。根据平台所提供服务的特点不同可将其分为三类：线上产品交易平台、信息共享平台和金融综合服务平台。其中，线上产品交易平台是指将线下产品或服务通过互联网

化实现线上交易和共享的平台；信息共享平台是指利用信息共享机制将线下资源（如知识产权、专利、地理位置、人才、资金等）转化为互联网资源以实现在线信息共享的平台；金融综合服务平台是指集金融市场服务、金融业务运营和金融产品开发于一体的综合性金融服务平台。

科技金融服务平台应具有明确定位和角色定位，以支持实体经济为出发点，将科技创新与金融相结合。从目前我国科技金融服务平台的发展情况看，大多数科技金融服务平台是一种类中介机构，尽管科技金融服务平台能够提供多种类型的产品和服务，但是当前其功能仍然以产品销售为主。在互联网时代，创新活动和技术发展主要依赖于信息技术的发展和创新成果的广泛应用。无论是产业发展、产品设计和制造还是营销方式的变革，都离不开互联网。

随着新一轮的改革开放的逐步深入、信息技术和互联网技术的发展与应用、国家对金融服务业支持力度的不断加大，这些都为我国科技金融服务平台提供了良好的发展机遇。从目前我国科技金融服务平台建设与运营情况来看，虽然这些国家科技金融服务平台的建设与运营取得了显著成效，但是在机构数量、参与主体数量、管理机制、业务模式等方面依然存在着很多问题与不足，有必要从顶层设计角度出发，对科技金融服务平台未来发展路径进行深入思考与研究。

（六）人才缺乏，科技金融服务平台服务和运营人员匮乏

目前，国内从事科技金融服务的从业人员大多数来自金融领域，具备科技专业背景和知识背景的复合型人才少之又少。而国内科技金融服务平台所处的环境，是一个竞争激烈、充满机遇的环境，只有高素质的人才才能适应这一环境，从而也给科技金融服务平台快速发展带来了巨大的挑战。

综上所述，我国科技金融服务平台在当前新形势下存在的诸多挑战是客观存在的，但同时也具有重要现实意义。首先，这对平台自身发展而言既是挑战也是机遇。科技金融服务平台所面临的挑战使其能够发挥自身优势、弥补短板，从而实现差异化发展。其次，这些挑战具有重大现实意义：一是有利于解决我国科技金融服务平台目前在政策法规、运作模式、风险防范等方面存在的问题；二是有利于解决我国科技金融服务平台目前在管理机制、运营模式等方面存在的问题；三是有利于推动我国科技金融服务平台自身建设和发展；四是有利于提升我国在国际上科技创新领域的竞争力。当然，科技金融服务平台也面临着诸多困难和问题需要解决。如何解决这些问题就是我们研究和关注的重点。

五、科技金融服务平台典型案例

（一）苏州市综合金融服务平台"科贷通"

苏州市综合金融服务平台"科贷通"是国内最早依托于科技金融服务平台以政银合作方式进行授信的一批金融产品。2010年，苏州市政府设立苏州市科技型中小企业信贷风险补偿专项资金，苏州市筛选出一批优秀科技型中小企业名单给交通银行，这些优秀企业可以通过苏州市综合金融服务平台提出申请，交通银行对推荐企业开放绿色通道，释放授信，为当时苏州市科技企业解决了融资难题。苏州市综合金融服务平台"科贷通"推出后，其金融服务创新模式被广泛效仿，至今仍可在很多科技金融服务平台看到类似金融产品，包括苏州市综合金融服务平台中信银行的"科贷通"，兴业银行的"小企业科贷通"。

苏州市综合金融服务平台"科贷通"的成功之处在于用政府财政资金

撬动了科技企业缺乏抵押物的约束，只要科技企业满足高成长性等条件，即便没有厂房等抵押物，也可以走绿色通道，获得银行授信，渡过初创期资金短缺难关，而且实际操作简便，很容易复制到其他地区，非常有借鉴意义。

（二）"投贷通"

"投贷通"也是交通银行苏州分行推出的一个金融创新和科技创新相结合的金融产品，是将银行授信与风险投资相结合，当科技企业获得风险投资入股之后，可以向银行申请授信，银行根据企业经营状况授予相应的配套贷款。授信时，风险投资在前，银行授信在后；退出时，银行在前，风投公司在后，由风投公司托底，一旦企业出现履约风险，风投公司进行风险代偿，按一定的股权对债务进行收购。

（三）发挥科技金融服务平台功能，创新金融服务产品的探讨

苏州市综合金融服务平台"科贷通"为引入政府引导资金、推动无抵押科技企业获得银行授信起到了很好的示范作用，但政府财政资金预算毕竟有限，其直接拉动作用和应用范围也比较受限制，包括"投贷通"类科技金融服务产品，也都有企业须先获得风险投资公司入股的限制，如何发挥科技金融服务平台优势，打破这种限制，创新现有科技金融服务产品，是需要深入探讨的。

通过发挥科技金融服务平台集聚功能，引入科技金融担保公司和第三方评估机构，可以很好地解决这个问题，首先由第三方评估机构对企业进行评估，确定企业发展前景和潜在价值，银行确定企业可以申请的授信额度，政府根据授信额度释放相应风险补偿资金给担保公司或保险公司，由

担保公司或保险公司进行托底。这种创新方式可以很好地发挥科技金融服务平台职能，放大信贷风险补偿专项资金等政府财政资金功效，撬动更多的银行资金或社会资金，降低科技企业获得银行授信门槛，惠及更多的科技型中小企业。对于有科技成果抵押贷款需求的科技企业，可以采用类似的办法，科技金融服务平台引入科技成果评价机构，科学评估科技成果价值，然后再采用政银保方式，使企业获得授信。

第四章　科技金融服务平台
建设方案的总体设计

　　为贯彻落实中共中央、国务院印发的《关于深化科技体制改革加快国家创新体系建设的意见》（中发〔2012〕6号），中国人民银行、科技部、银监会、证监会、保监会、知识产权局印发的《关于大力推进体制机制创新 扎实做好科技金融服务的意见》（银发〔2014〕9号），以及国务院办公厅印发的《关于促进平台经济规范健康发展的指导意见》（国办发〔2019〕38号）等精神，加快科技金融服务平台建设，探索优化科技金融服务标准，创新科技金融服务机制，充分利用平台经济，探索科技型中小企业融资路径，构建统一、规范、多级联动的科技金融服务体系，实现科技金融深度融合发展，在2021年度大连市科技创新基金项目"大连市科技金融服务平台设计与应用研究"（2021JJ13FG93）、"大连市科技成果转化平台设计与应用研究"（2021JJ13FG92）和"基于人工智能的科技企业评估系统设计与应用研究"（2021JJ13FG90）的研究基础上，设计科技金融服务平台建设方案如下。

一、指导思想与基本原则

（一）平台建设的指导思想

全面贯彻党的二十大精神和决策部署，深刻领悟习近平总书记"正确把握金融本质，深化金融供给侧结构性改革""增强金融服务实体经济能力""走出中国特色金融发展之路""加快建设科技强国，实现高水平科技自立自强"系列重要讲话精神，围绕深入实施创新驱动发展战略，加快建设科技强国，牢固树立和贯彻落实创新、协调、绿色、开放、共享的发展理念，以促进简政放权、放管结合、优化服务改革措施落地为目标，进一步创新科技金融供给侧改革，优化科技金融服务供给，降低交易成本，解决影响科技企业投融资的难点堵点，进一步激发市场活力；以平台经济创新科技金融服务方式为手段，坚持问题导向，强化顶层设计，注重资源整合，优化科技金融服务平台建设，不断简化优化科技金融服务流程，提升科技金融服务水平，促进科技金融服务运行规范、程序严密、过程透明、结果公开、监督有力，切实增强科技金融服务的主动性、精准性和便捷性，为推进政府治理、改善政府监管提供有力支撑和保障。

（二）平台建设的基本原则

一是做好顶层设计，统一规划、优化统筹。统一制定规范性标准，预留发展空间，充分利用已有系统和资源，盘活存量资源，查缺补漏，避免重复建设，推动科技金融服务平台和科技成果转化平台整合，建立综合性科技金融服务平台，促进条块联通，实现企业信息资源互认共享、多方利用。

二是问题导向、简便易用。从解决科技成果转化供需矛盾入手，通过对科技金融服务相关资源进行优化整合和定向开发，不断提升平台的线上服务水平、资源聚合能力、供需对接能力、专业服务能力、配套保障能力和协同创新能力。

三是坚持实体服务与网上服务并重，推进线上线下融合，将平台服务覆盖技术转移、成果转化、技术评价、平台建设、人才引进、大数据开发、国际合作、技术融资、专业培训等科技创新领域。

二、科技金融服务平台建设的总体任务

一是建设完成科技金融服务平台两个空间：网络空间和物理空间的基础设施建设，包括平台网站的搭建，物理空间选址和建设，相关金融扶持政策的导入，资本对接渠道的畅通，技术专家、第三方技术成果专业评价机构、中介服务机构和企业社群等平台主体的引入。

二是建立综合性科技金融服务平台，汇聚众多科研院所，国内外优秀科技企业、科研机构落户，建立科技企业与科研院所协作创新的桥梁，为资金供需双方实现无缝对接，打造科技金融服务战略高地，形成与之相配套的金融服务产业集群，促进科技金融服务向科技企业深度延伸，拓宽初创期、成长期、壮大期企业支持模式和融资渠道，为科技型中小企业打造出多层次融资平台。

三是通过系统谋划和顶层设计，构建涵盖成果供给、企业需求、中介转化服务、政策支撑有机衔接的综合性科技金融服务系统和科技金融服务体系，实现科技金融服务的标准化、精准化、便捷化、平台化、协同化，使平台服务形式更加多元，服务渠道更为畅通，入驻科技企业和科研院所获得性和满意度显著提升，进而推动科技金融服务工作不断向前发展。

四是形成以应用为主的综合性科技金融服务系统，覆盖全省科技企业

的科技金融服务体系，实现科技金融服务的标准化、精准化、便捷化、平台化、协同化，科技金融服务流程显著优化，服务形式更加多元，服务渠道更为畅通，入驻科技企业科技金融服务获得性和满意度显著提升。

三、科技成果转化平台建设的主要内容

科技金融服务平台应按照"政府引导、市场配置、模式创新、政策支撑、服务集成"五位一体的建设思路，实现科技企业自主注册，科技金融服务申请、统一受理和集中办理，科技金融政策宣传和导入，资本和资源有效对接以及全流程监督等功能，为广大科技型中小企业提供高效、便捷、专业、多样的科技金融服务。通过对比国内优秀科技金融服务平台，建议科技金融服务平台包括物理空间、智能平台、公共服务、增值服务、资源对接、资本对接、政策导入、企业社群等核心内容。

（一）物理空间（服务大厅）

科技成果服务大厅主要依托于科技成果转化平台物理空间，将实现总台咨询、总台登记取号、触摸引导、大屏幕显示、排队叫号、业务自动匹配、自助服务一体化、信息公开、业务材料电子化及共享、视频监控和数字考勤等基础服务，同时也担负众创空间、企业孵化器、路演中心等职能。

（二）网络平台（门户网站）

科技金融服务平台门户网站是提供科技金融服务的平台，为企业用户提供一站式查询和申报服务，实现科技企业用户统一注册和认证，全方位与平台入驻金融机构、投融资机构进行对接，科技金融服务在线申请、在线审批，科技金融服务事项跨部门联动办理和科技金融服务信息共享，为

监管部门提供审批过程信息和结果信息，规避业务风险，同时网络平台还具备网上办事、网上预约、网上申请、网上查询、在线咨询等相关服务业务。借助于信息共享机制，网络平台和物理空间互联互通、相辅相成。

科技金融服务平台由两大空间，即物理空间（服务大厅）与网络平台（门户网站）两个层级组成，二者之间逻辑关系密切，业务衔接紧密，部门之间协同合作，线上线下深度融合。通过汇聚优秀科技企业入驻，形成与之相配套的科技金融服务相关服务产业集群，实现资本和资源有效对接，在科技金融供给侧发力，拓宽初创期、成长期、壮大期企业支持模式和融资渠道，促进科技金融服务向科技企业深度延伸，推动更多的优秀科研成果转化不断落地，加快科技企业不断技术革新，促进科技产业高质量发展。

（三）科技金融服务信息系统

科技金融服务平台门户网站将充分发挥互联网门户网站优势，面向全国优秀科技企业和科研院校，集中发布和展示最新科技金融相关扶持政策信息，并通过数据可视化信息系统，直观展示平台入驻企业和科研院校科技金融服务各项业务办理进展情况，以吸引更多的优秀科技企业和科研院所入驻。

（四）移动应用端

建设科技金融服务平台移动App，将科技金融服务相关事项发布、办件查询、表单预填、预约、咨询投诉、支付缴费、结果查询等服务集成到移动端，拓展科技企业用户访问渠道，提升平台用户的便利性。移动App平台可集成第三方服务，如微信服务、支付宝服务等。

（五）统一的科技企业用户表单系统

为保证门户网站用户信息的真实、合法、有效，科技企业用户注册、认证将采用实名制，并由人工进行审核，审核通过方能进行业务事项的申请。统一用户注册和认证系统是开展科技成果交易和科技成果评价等业务事项、建立资本与资源对接的前提。

（六）综合性的科技企业公共服务和增值服务平台

依托科技金融服务平台物理空间，为银行、投资公司、法律机构、保险公司、证券机构、信托公司、咨询公司、广告公司等提供办公场所，促进专业中介机构集聚，为入驻科技企业提供优质的公共服务和增值服务，包括企业培训、辅导咨询、工商服务、知识产权、人力资源、人事社保、财税服务、科技保险、法律顾问、政策申报、企业培育、上市辅导等，推动入驻科技企业不断提升自身价值。

（七）完善的企业社群体系

充分发挥科技金融服务平台在企业画像和企业定位方面的技术优势，根据企业自身情况以及运营特点对企业社群进行有效的分类定位，快速搭建好利益相关的企业社群体系，依托物理空间打造的企业家有效交流的服务平台，定期进行企业家交流分享活动，建立企业家私董会，吸引企业参访，成立企业联盟，形成完善的企业社群体系，促进入驻科技企业不断进行自我完善和优化，提升企业核心竞争力。

科技金融服务平台建设内容如表 4-1 所示。

表 4-1　科技金融服务平台建设内容一览表

序号	建设内容
一	科技金融服务平台门户网站
二	科技金融管理平台
三	综合性科技金融服务系统
四	互联互通的科技金融信息资源云端共享平台
五	统一的科技企业用户认证系统
六	覆盖科技企业全产业链的资本对接平台
七	综合性的科技企业公共服务和增值服务平台
八	完善的企业社群体系

四、科技金融服务平台建设的逻辑思路与总体结构

（一）科技金融平台建设的逻辑思路

科技金融服务平台以促进科技金融服务为目标，打造线上线下、互联互通的科技金融服务信息资源云端共享平台，为企业用户提供一站式查询和申报服务，实现科技企业和科研院校用户统一注册和认证。

借助智能化管理，推动入驻企业和科研机构全方位与平台入驻评审专家、金融机构、投融资机构进行对接，实现科研成果交易、科研成果评价、科技金融服务在线申请、在线审批、服务事项跨部门联动办理和科技资源服务信息共享，为监管部门提供审批过程信息和结果信息，规避业务风险。

作为为科技企业提供科技金融服务的重要平台，科技金融服务平台依托两大空间，即物理空间与网络平台，为科技型中小企业提供综合性的公共服务和增值服务，宣传和导入科技扶持相关政策，集聚国内外优秀科技企业，形成完善的企业社群体系，打造科技企业综合性科技金融服务战略高地。

第四章 科技金融服务平台建设方案的总体设计

（二）科技金融服务平台结构

科技金融服务平台整体架构依托物理空间与互联网智能平台，以科技金融服务事项的一体化办理为核心，以整合科技金融服务数据，实现数据互联互通与信息共享为支撑，结合智能分析、移动互联网、证照互认等关键技术，将平台架构分为基础设施层、数据资源层、应用支撑层、业务应用层、用户服务层，建立标准规范与管理制度，以及安全与运维保障体系，具体架构如图4-1所示。

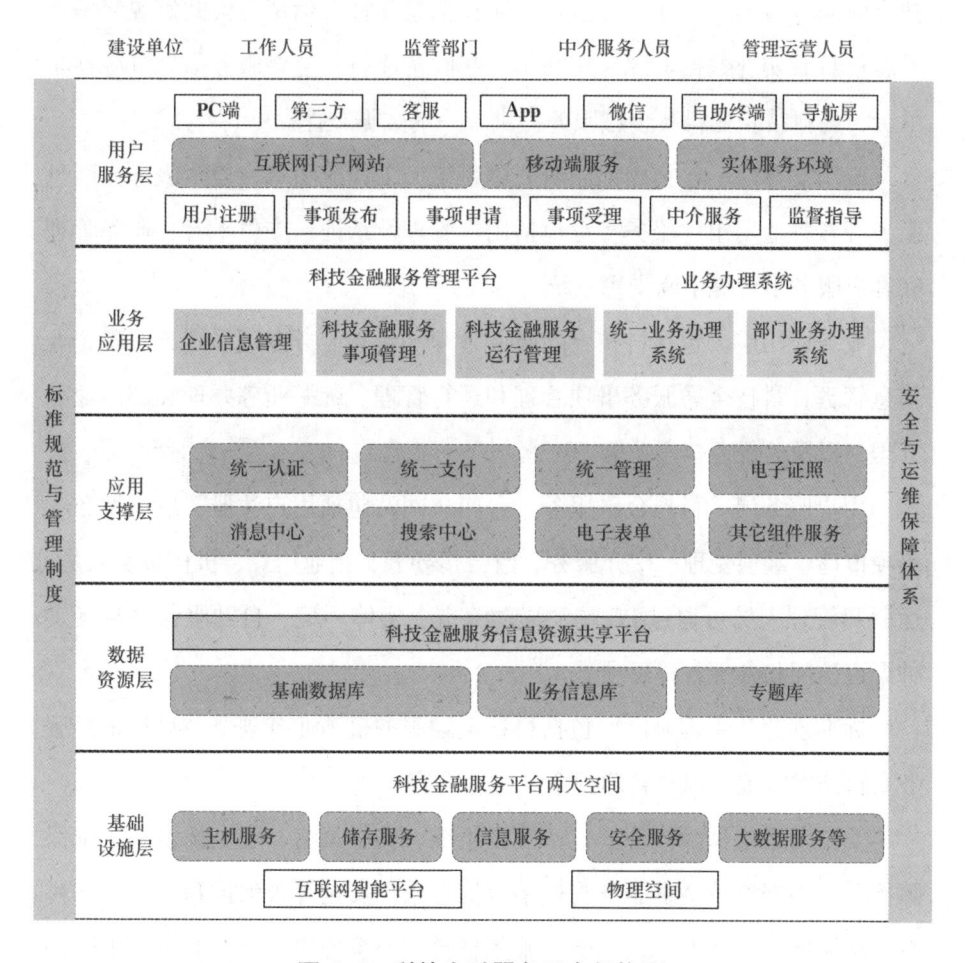

图4-1 科技金融服务平台架构图

基础设施层。科技金融服务平台物理空间提供包括主机服务、储存服务、信息服务、安全服务、大数据服务等服务。科技金融服务相关业务的线上预审、受理和审批，相关金融政策等事项发布，以及科技金融服务的咨询、预约、申报、反馈等主要依托科技金融服务平台的互联网智能平台和配套移动端来完成。

数据资源层。基于科技企业科技金融服务基础数据库、业务信息库和各种专题库，整合汇聚企业认证信息和企业相关信息等基础信息，以及科技金融服务事项、中介服务事项等业务信息和社会信用、公共资源交易等专题信息，实现数据资源共建共享，共同构成科技金融服务信息资源共享平台，为科技企业科技金融服务提供统一的数据支撑。

应用支撑层。包括登记注册表单系统、工作流引擎、搜索服务、消息服务等各种通用组件服务，也包括用户管理及认证、支付平台、业务管理和客户服务平台等中间支撑系统。

业务应用层。包括科技金融服务管理平台和业务办理系统，实现企业信息管理、科技金融服务事项管理和运行管理、统一业务办理和部门业务办理，以及监督考核等功能。

用户服务层。科技金融服务平台门户网站包括用户注册、事项发布、事项申请、事项受理、中介服务、监督指导等，企业用户、机构负责人员、运营和管理人员可通过PC端、移动终端、实体环境、自助服务终端等多种渠道访问和办理各种事项。

标准规范与管理制度。包括科技金融服务事项业务规范，科技金融服务平台技术规范，以及管理规章制度等内容。

安全与运维保障体系。包括安全组织、安全策略、安全技术和运维保障体系。根据科技金融服务管理平台信息系统安全等级保护基本要求和科技金融服务事项特性，科技金融服务平台核心系统应按照不低于三级防护

第四章 科技金融服务平台建设方案的总体设计

要求建设和防护。

五、科技金融服务平台建设方式

（一）总体介绍

科技金融服务平台物理空间与互联网智能平台，分别包含线上、线下两大管理平台和两套业务办理系统，其信息共享和业务协同主要通过科技金融信息资源共享平台来实现，如图4-2所示。科技金融信息资源共享平台作为科技金融服务平台业务数据处理和信息共享的核心模块，包含科技金融服务信息资源库、数据交换和处理平台两部分，其架构如图4-3所示。

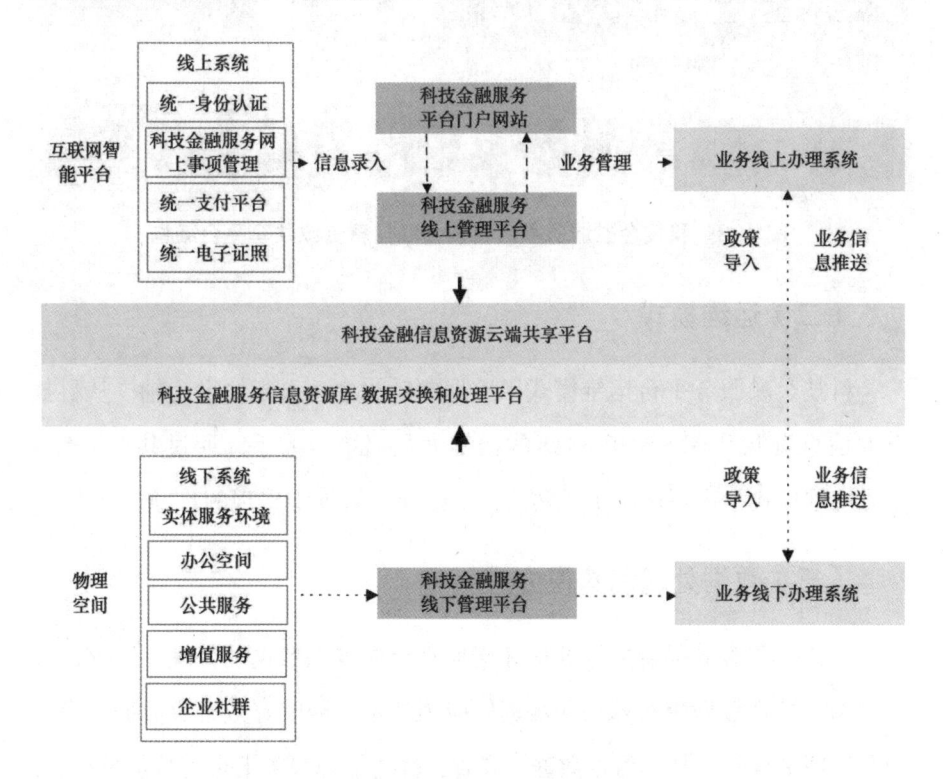

图4-2 科技金融服务平台建设方式示意图

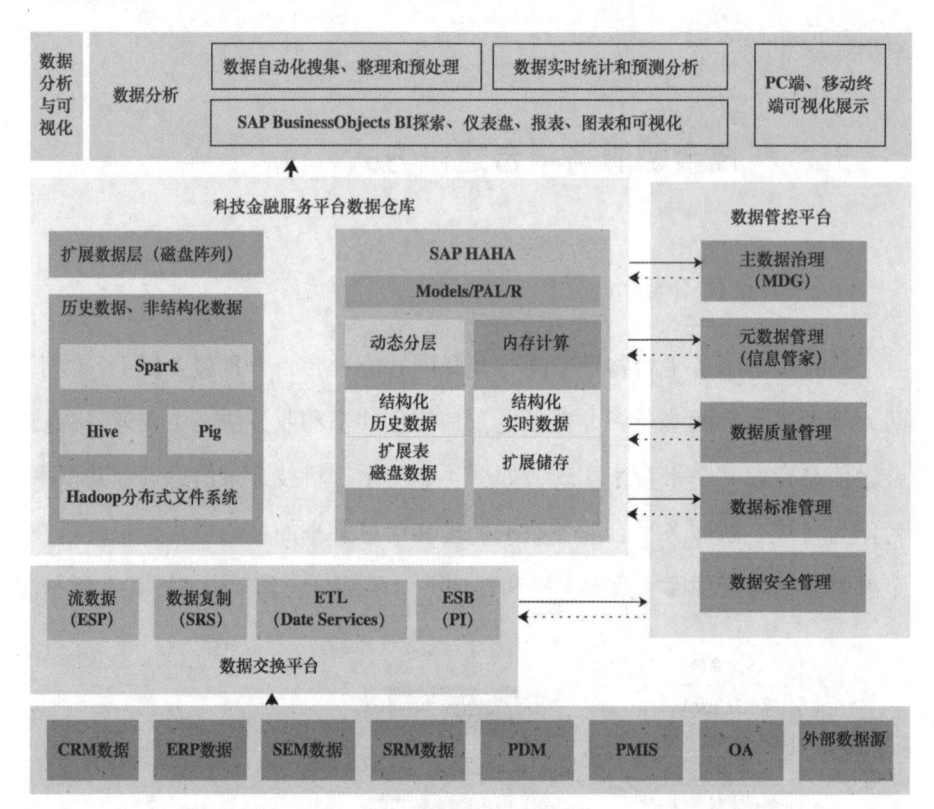

图 4-3　科技金融服务平台科技金融信息资源共享平台架构

（二）运维模式

科技金融服务平台运维模式以数据驱动为主，人工协助为辅，从科技金融信息资源共享平台 PaaS 级的运维大数据平台入手，通过共享平台+轻量应用模式，进行运维工程实践，解决业务管理中出现的难题。

（三）数据处理和建模方式

科技金融服务平台数据处理和交换平台内置大数据的处理、存储、分析技术，结合数据分析算法和数据库应用技术，能够有效解决数据交换问题和处理平台所面临的海量数据。同时，科技金融服务平台支持水平扩展，可随信息资源规模性增长，提升运维管控的能力，适用于科技金融服务平台不同发展阶段的应用场景。

（四）智能化分析与应用

科技金融服务平台数据处理和交换平台根据科技金融服务的不同应用场景，构建全渠道、全链路、全方位的数据分析体系，以资源视角＋应用视角对科技金融服务数据进行综合管理，具备模型自建、离线采集、智能校验、自动化分析、实时发布等智能化分析与应用能力，适配大型数据管理和应用场景，确保质量和准确性，释放更多数据价值。

（五）数据可视化

科技金融服务平台基于智能分析算法实现数字化运营状态的全局掌控，其数据可视化系统包含企业信息管理、业务系统实时监控、业务指标看板、业务交易实时监控、业务流程跟踪等，可以帮助管理人员直观审视运营信息和业务办理状态，进行可视化管理与有效决策，提高科技金融服务业务稳定性和运营能力，并能全面监控问题事项，及时进行业务预警。

六、科技金融服务平台建设的实施步骤与保障措施

科技金融服务平台建设是一项庞大的系统工程，涉及地方政府各主要职能部门、金融机构、投资机构、中介服务机构、科技企业服务对象的信息资源整合和业务协同。建设阶段计划分三个阶段统筹推进，具体安排如下。

第一阶段：完成科技金融服务平台两个空间，即网络空间和物理空间的基础设施建设，包括平台网站的搭建，物理空间选址和建设，相关科技扶持政策的导入，资本对接渠道的畅通，中介服务和企业社群的引入。

第二阶段：基本建成功能完备的科技金融服务平台，包括科技金融服务平台门户网站和物理空间智能化服务大厅、办公区域和会议区域的建设，同步推出移动端和自助终端。汇聚国内外优秀科技企业、科研机构落户，打造科技资源服务战略高地，形成与之相配套的金融服务产业集群，促进科技金融服务向科技企业深度延伸，拓宽初创期、成长期、壮大期企业支持模式和融资渠道，为科技型中小企业打造出多层次融资平台。

第三阶段：建成具有一定规模的综合性科技金融服务系统，形成覆盖更广区域科技企业的科技金融服务体系，实现科技金融服务的标准化、精准化、便捷化、平台化、协同化，科技金融服务流程显著优化，服务形式更加多元，服务渠道更为畅通，入驻科技企业科技金融服务获得性和满意度显著提升。

（一）项目管理和实施进度计划

通过参考项目管理成功案例，设计科技金融服务平台项目管理和实施流程如下。

1. 项目管理

科技金融服务平台项目实施流程、科技金融服务平台项目管理阶段与项目实施进度计划阶段的对应关系，以及科技金融服务平台实施进度计划分别如图 4-4、图 4-5 和表 4-2 所示。

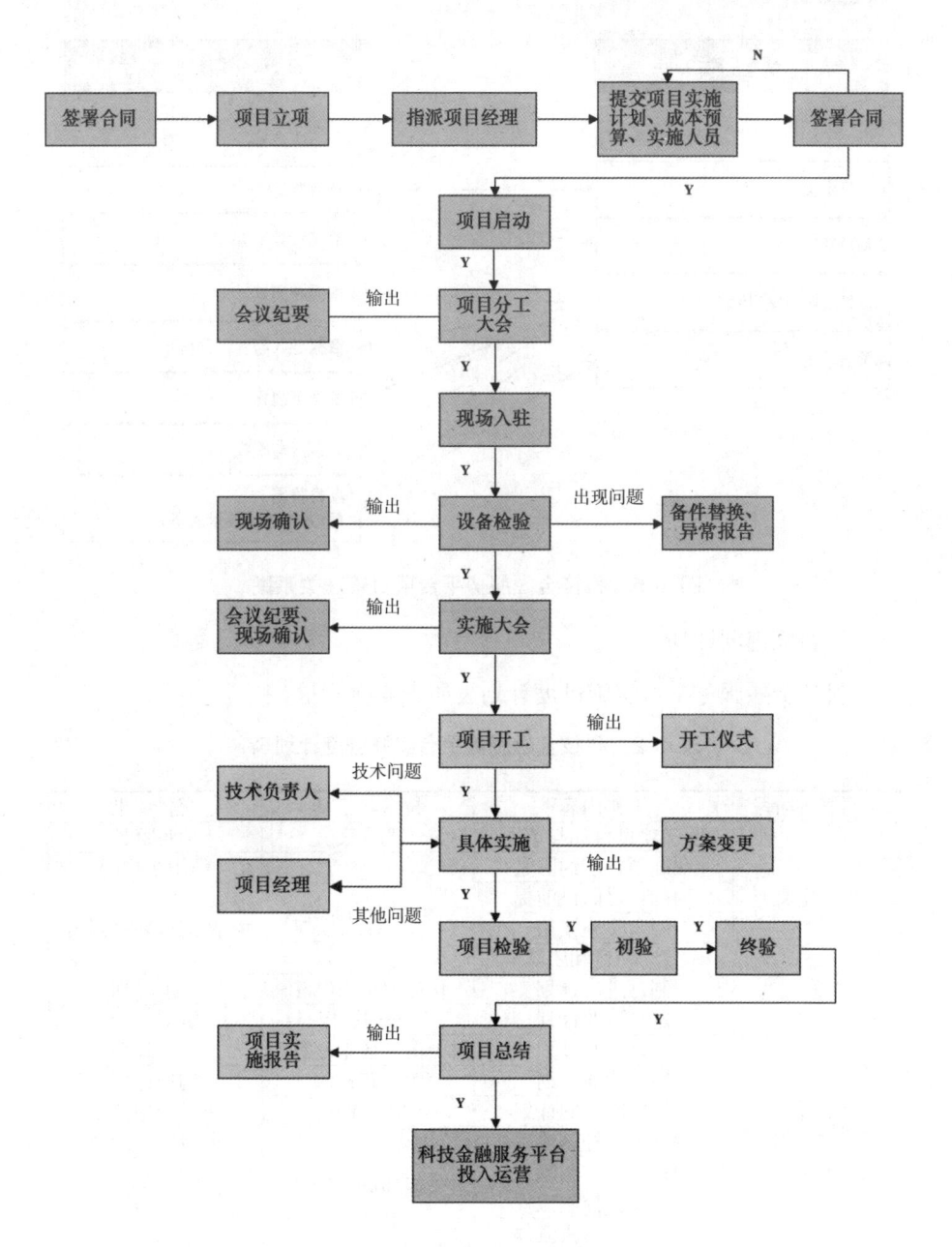

第四章 科技金融服务平台建设方案的总体设计

图 4-4 科技金融服务平台项目实施流程

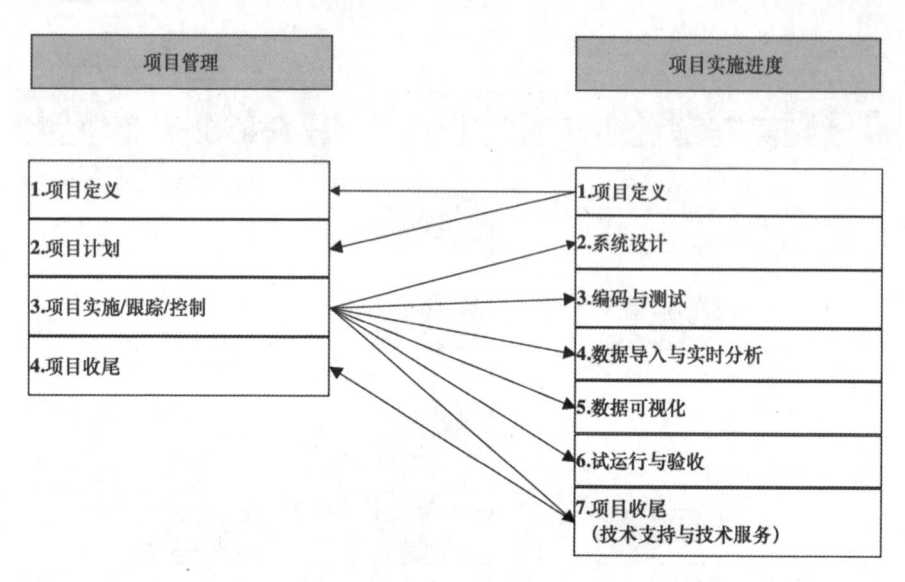

```
    项目管理                              项目实施进度

┌──────────────────┐                  ┌──────────────────────┐
│ 1.项目定义        │────────┐         │ 1.项目定义            │
│                  │        ├────────▶│                      │
│ 2.项目计划        │────────┤         │ 2.系统设计            │
│                  │        ├────────▶│                      │
│ 3.项目实施/跟踪/  │────────┤         │ 3.编码与测试          │
│   控制           │        ├────────▶│                      │
│                  │        ├────────▶│ 4.数据导入与实时分析  │
│ 4.项目收尾        │────────┤         │                      │
│                  │        ├────────▶│ 5.数据可视化          │
│                  │        ├────────▶│                      │
│                  │        │         │ 6.试运行与验收        │
│                  │        └────────▶│                      │
│                  │                  │ 7.项目收尾            │
│                  │                  │ （技术支持与技术服务） │
└──────────────────┘                  └──────────────────────┘
```

图 4-5　科技金融服务平台项目管理关系图

2. 实施进度计划

科技金融服务平台实施进度计划表如表 4-2 所示。

表 4-2　科技金融服务平台实施进度计划表

项目管理阶段	工作内容	技术与工具	交付成果
项目定义	明确项目目标与范围	调查表	项目章程
	明确项目制约因素	组织行为原理	组织结构图
	明确项目假设前提		团队成员联系列表
	制定实施策略		
	建立项目和团队		
项目计划	制订进度计划	工作分解结构（WBS）	进度计划
	制订资源计划	责任分配矩阵	资源计划
	制订预算计划	甘特图、成本核算法	预算计划
	制订沟通计划	关键路径法	沟通计划
	制订风险控制计划	ISO9000	质量管理计划
	制订进度控制流程	戴明环质量管理（PDCA）	风险控制计划
	制订质量控制流程		进度控制流程
	制订变更控制流程		变更控制流程
	制订问题解决流程		问题解决流程
	制订商务计划		
项目实施与控制	项目会议	激励理论	项目周报
	信息沟通	S曲线、挣值法	会议纪要
	团队管理	里程碑控制	问题提交表及日志

续表

项目管理阶段	工作内容	技术与工具	交付成果
项目实施与控制	冲突管理	赶工期法、费用预算法	变更申请表及日志
	项目跟踪与度量		阶段评审报告
	质量控制	质量保证与控制程序	项目状态报告
	进度控制		
	文档管理		
	变更控制		
	问题控制		
	费用控制		
项目收尾	产品验收	项目总结	项目实施总结
	技术交接		项目验收报告
	项目验收		项目管理流程改进建议书

（二）科技金融服务平台保障措施

一是成立工作专班，强化组织领导。科技成果转化平台建设是一项庞大的系统工程，涉及所在地区政府各主要职能部门、金融机构、投资机构、中介服务机构，以及科研院所、科技企业服务对象的信息资源整合和业务协同。应切实加强组织领导，成立工作专班，主要负责同志亲自推动，各相关部门明确主要负责同志具体负责日常工作。建议由直接领导部门牵头，会同参与各方负责人，成立推进工作协调小组，负责协调解决工作中的重大问题。针对平台建设过程中出现的重大难题，由工作协调小组集中力量，推进落实。

二是加强联系，强化制度保障。围绕科技金融服务平台功能和定位，建设单位应与相关职能部门和参与各方，建立良好的信息共享和沟通机制，坚持以科技型中小企业为服务中心，依托平台经济，坚定创新驱动，不断提升科技成果转移转化服务水平。

三是紧把预算关，强化经费保障。严把预算关，优化统筹项目建设资金，重点支持平台核心服务模块，包括智能平台、资本对接、公共服务、增值服务、资源对接、科技成果转化、政策导入、企业社群等八大核心要素的建设，并将经费保障落实情况纳入建设工作考核范围。

四是引入奖惩机制，强化考核监督。定期通报并公开科技金融服务平台建设的进展和成效，上级领导部门应加强考核监督，强化激励和问责，对建设成效好、实现政府管理目标的按照有关规定予以奖励和通报表扬；对工作开展不力的予以通报批评。

第五章 科技金融服务平台科技成果转化核心功能的实现

高校既是科技创新的重要策源地，也是科技成果集中产出的重镇。高校科技成果转化的效率和质量在一定程度上影响了国家和地方战略性新兴产业成长与经济社会发展的潜力。一直以来，党中央、国务院高度重视科技成果转化工作，习近平总书记曾对此多次做出重要指示，明确要求"科技部要会同有关部门做好促进科技成果转移转化行动"。2021年5月，习近平总书记在中国科学院第二十次院士大会、中国工程院第十五次院士大会和中国科学技术协会第十次全国代表大会上发表重要讲话，提出"坚持把科技创新摆在国家发展全局的核心位置，全面谋划科技创新工作"，"加快构建龙头企业牵头、高校院所支撑、各创新主体相互协同的创新联合体，发展高效强大的共性技术供给体系，提高科技成果转移转化成效"。

一、科技金融服务平台引入科技成果转化功能的重要意义

在全球科技竞争愈演愈烈的背景下，关键核心技术受制于人往往成为制约经济高质量发展的瓶颈，我国必须提供更多高水平的科技供给，聚焦现代工程技术、产业链关键环节，以前沿引领技术、颠覆性技术创新成果为突破口，提升科技进步对经济发展的贡献率，更好地满足高质量发展的科技需求，增强供给体系对日益提高的国内需求的适配性，发挥国内市场机制有效资源，把政治优势和制度优势充分结合，积极主动融入全球创新网络。在此背景下，在科技金融服务平台基础上，引入科技成果转化功能，具有重要的理论和现实意义。

一是实现科技强国的有效途径。随着新技术革命和全球产业变革步伐加快，科技创新重要性与日俱增，有效地推动了我国经济快速发展和社会持续进步。世界各国高度重视科技创新发展，将创新驱动作为提高自身综合竞争实力，在发展中走在新技术改革的前沿，是习近平总书记提出的创新科技、实施驱动发展创新战略的重要步骤。在科技金融服务平台基础上，引入科技成果转化功能，能够促进我国高校、科研院所科研成果的快速转化，促进我国科技中小企业创新发展，是从根本上实现科技强国的有效途径。

二是协同创新的重要举措。党的十八大以来，我国坚持走具有中国特色、自立自强与开放创新的发展道路。科技创新在国家发展中的战略支撑作用越来越凸显，掌握关键核心技术，关系一个国家民族的前途命运。作为科技创新的一个关键环节，科技成果转化能够使新技术、新发明最终实现市场价值。科技成果转化也是国家在应对全球性经济挑战时的战略性变量。在高技术领域，高校院所是原始创新的主力军之一，在解决国民经济

重大科技问题方面担负着技术转移、成果转化的重要责任；企业在科技成果转化中起着决定性作用，成为技术创新的主体。在科技金融服务平台基础上，引入科技成果转化功能，能够切实发挥高校院所和企业的协同创新作用，促进地区科技成果转化在新兴产业发展中不断壮大，持续推动传统产业的转型和升级，深入贯彻落实创新驱动发展战略，成为我国地区经济发展协同创新的重要举措。

三是高校职能转变的重要媒介。自全国人民代表大会常务委员会1996年5月15日颁布《中华人民共和国促进科技成果转化法》（2015年8月29日修订）后，促进科技成果转化成为各级政府的一项重要工作，从中央到地方陆续出台了一系列扶持政策和推动举措，高校院所和企业对于转化和应用科技成果的动力越来越强。近几年，在国家政策指引下，国内一些高校效仿国外高校发展模式，在创造和传播知识的同时将知识运用到产业发展之中，使高校服务社会的功能得到强化；众多科研院所把科技成果转化能力视为科研水平的一个重要标志，与市场对接的主动意识愈加强烈，在科技金融服务平台基础上，引入科技成果转化功能，能够充分发挥科技金融服务平台媒介作用，加强高校服务社会职能，推动高校从研究型大学向创业型大学转变。

四是提升科技成果转化效率的重要渠道。经过近20年的推动和发展，企业内部科技成果转化有了较大提升，但高校院所科技成果转移转化的效率依然不高，科技与经济结合依然缺乏有效的渠道和途径，我国科技成果能够顺利转化并实现产业化的比例仍然比较低，和欧美一些发达国家的差距比较明显。虽然企业是技术创新的主体，但作为拥有丰富科技资源、众多科研人才和便利研发条件的高校院所，应该发挥好自身优势，开展自主创新、协同创新，让尽可能多的科技成果走向市场并推动经济社会发展。在科技成果转化过程中风险较大，科技成果不能及时满足企业和市场日益增长的需求，原因有很多，如高校院所在成果转化中存在体制障碍、科技成果持有方和应用方信息不对称以及难以达成协商一致等等。究其根本，还是科技成果转化各要素主体间缺乏有效的转化模式和科学的运行机制。

《中华人民共和国促进科技成果转化法》（1996年5月15日第八届全国人民代表大会常务委员会第十九次会议通过，2015年8月29日第十二届全国人民代表大会常务委员会第十六次会议修正）提出鼓励银行业金融机构开展知识产权质押贷款、股权质押贷款等贷款业务，为科技成果转化提供金融支持；鼓励保险机构开发符合科技成果转化特点的保险品种，为科技成果转化提供保险服务；完善多层次资本市场，支持企业通过股权交易、依法发行股票和债券等直接融资方式为科技成果转化项目进行融资；鼓励创业投资机构投资科技成果转化项目，国家设立的创业投资引导基金，引导和支持创业投资机构投资初创期科技型中小企业；鼓励设立科技成果转化基金或者风险基金，用于支持高投入、高风险、高产出的科技成果的转化，加速重大科技成果的产业化。科技金融服务平台作为可为科技企业提供包括直接融资、间接融资、股权融资、风险投资、科技保险等多元化科技金融服务的综合性平台，在其基础上，引入科技成果转化功能，能够更好地对接科技成果转化各参与主体，为对接科技成果各要素主体提供了有效的转化模式和科学的运行机制；还可以提供资金保障和政策保障，来有效缓解科技成果转化资金不足等制约因素，极大提升科技成果转化效率。

二、科技成果转化相关理论

（一）科技成果转化模式

牛津大学创新公司总裁 Tom Cook（2008）创造了通过创新公司将学

者的学术研究活动与风险投资者的商业运作有机结合的"牛津模式"。Link 等（2008）研究了通过科技孵化器（technology incubators）、大学科技园（science parks）、国家基金支持的工程研究中心（NSF-sponsored engineering research centers）以及企业和大学联合研发中心（industry-university cooperative research centers）等促进科技成果转化，并针对这些方式提出了具体的管理策略。梅元红、孟宪飞（2009）将高校技术转移分为四种模式。戚湧等（2015）依据科技成果的基础公益类、共性技术类、专有技术类属性，将科技成果转化模式对应为政府主导模式、混合模式和市场模式。杨萍、张源（2010）按照科技成果转化主体效用大小，将科技成果转化模式分为政府主导型、企业招标型、高校供给型、跨国资金资助型和企业自主研发型。刘希宋等（2009）将科技成果转化方式分为转让转化、合作转化、自行转化，不同转化方式的知识对接特征不同。柳岸（2011）对比我国科技成果转化的几种模式，认为政府主导的"大学—产业—政府"合作模式是比较适合我国科技成果转化实际情况的。刘家树等（2012）重点研究了创新链集成的科技成果转化模式，强调官、产、学、研、融、介六位一体形成相互分工和协作的转化系统。胡罡等（2014）总结了大学与地方政府联合建立地方研究院以促进科技成果转化的模式。杨栩等（2012）认为应从主体因素、技术因素、环境因素、成本和预期收益因素等方面，选择适用的科技成果转化模式。

（二）科技成果转化影响因素

国外一些学者认为，技术转移的决定性因素是技术的可行性与成熟与否。Corsten（1987）认为，大学教授的价值观和取向、技术的实用性、技术机密性、技术转移期限及收益率以及转移过程的沟通等，是影响研究型大学技术转移的重要因素。Bonaccorsi 和 Piccahiga（1994）认为，高校和企业合作进行成果转化的成功与否，由参与合作的科研资源、合作时间的时限性、合作关系的稳定性三个要素共同决定。Batz 等（2003）通过对实证数据的分析，认为技术的投资、风险和复杂性对技术应用的速度和范围有比较显著的影响。国内学者重点关注体制机制和环境的影响。梅姝娥、仲伟俊（2008）认为，大学的科学研究与企业的技术创新在目标、路径、组织方式、评价标准和环境要求等方面存在很大差别，导致转化率不高的关键是制度性和机理性障碍。王念、刘细发（2011）认为，高校科技管理改革不到位、高校和企业间未建立利益共同体、转化资金不足、中介服务系统缺乏效率是影响科技成果转化的主要因素。董洁、黄付杰（2012）采用因子分析和随机前沿分析得出结论，相较于人力、经费、科技环境和市场化条件这几项因素，政府的支持对科技成果转化的影响作用最大。

（三）科技成果转化评价

目前，现有文献对科技成果的转化效率和评价体系的研究是比较多的。西方国家的研究集中在科技评估方面，即针对科技项目、计划和科技政策实施绩效进行评价的活动。Timothy 等（2007）使用 DEA 方法对英国大学技术转移效率进行评价，得出大学技术转移相对有效，无法覆盖绝大多数情况的结论。Shea 等（2005）综合考虑知识溢出、财政、资源和能力，以及人力资本等方面因素，对技术转移与溢出绩效之间的影响展开研究，进而分析美国校企科技成果转化之间的关联。国内针对科技成果转化绩效评价的方法研究，主要有主成分分析法、因子分析法、网络层次分析法、模糊综合评价法、聚类分析法等。何彬、范硕（2013）通过对中国 24 所大学科技成果转化效率进行研究，发现影响科技成果转化效率的显著因素分别是地区产业结构和地区禀赋。尹航（2008）基于项目的内部资源评价、支撑环境评价、内含的科技成果水平评价和商业化前景评价构建了四个维度的综合评价指标体系，并利用神经网络算法（back propagation，BP）对科技成果转化项目的技术经济科学性展开了度量。

（四）科技成果转化机制

Blohmke（2014）提出，科技成果转化要强调经济发展的目的和技术的性能，技术复杂性的评估应纳入技术转移机制。Tabbaa 和 Ankrah（2016）对社会资本在促进大学与产业合作转化科技成果中的机制进行了研究。陈华志、张明、杨晓娟（2007）从评价机制、投入机制、激励机制和中介服务机制等四方面，优化了高校科技成果转化机制。金杨京等（2005）探讨建立科技成果转化的目标机制、动力机制、约束机制和激励机制等，为提高高校科技成果转化效率提供决策参考。牛盼强、谢富纪、刘奕均（2010）构建了知识双螺旋模型，对高校产学研合作技术转移的机制展开研究，比较有创新性。李天柱、侯锡林、马佳（2017）从校企接力创新的视角，综合分析了高校科技成果转化的主动参与、双向协同、信息交互、对接辅助、利益分配等机制，以及价值实现和环境优化等。

（五）科技成果转化的政策推动

进入20世纪中后期，世界各国尤其是发达国家政府开始关注科技对经济发展的重要推动作用，陆续出台鼓励技术转移和科技成果商业性转化的政策措施。1980年，美国国会出台了《拜杜法案》，为创新技术的商业化运用提供了直接的法律依据和有效的政策激励。美国联邦政府对高校的资金投入逐年增加，建立了"官—产—学"结合的联合资助制度，促进技术和产品快速进入产业化生产，校企合作的桥梁和赞助人包括美国国家科学基金会（NSF）和大学技术经理人协会（AUTM）。"新技术转化联合体"建立了完善的信息网络和人才数据库，提高了技术成果转让的效率。美国很多大学也专门成立了科技成果转化部门，如哥伦比亚大学等，极大地促进了高校科技成果走入企业。加拿大为有效推动公共资金资助研究活动，出台了包括专利归属在内的一系列政策。从1996年开始，日本政府相继出台了《科学技术基本法》《关于促进大学等的技术研究成果向民间事业者转让的法律》《产业技术能力强化法》等多个促进科技成果转化的法规，改善了高校缺乏创新和科技成果转化率低的问题，关于大学科学技术成果转化，安排专门转让机构予以资助，比例控制在科技成果转化所需费用的三分之二以内。澳大利亚政府配置了大量资源用于支持科研成果的商业性转化和"大学—产业合作"，同时，其大学同产业部门的联系也在不断加强，持续提升科研成果的商业性转化能力和比例。

早在1985年，我国就在《中共中央关于科学技术体制改革的决定》中提出开放技术市场，推动科技成果商品化，先后出台了一百余项法律、法规、纲要、规划、方案、政策等措施，有效推动科技成果转化。对于政府和高校采取的政策体系和推动措施，学者们提出了各种改进意见。Brescia等（2016）从高校技术转移办公室的组织结构角度，对科技成果转化组织模式展开研究。刘华、周莹（2012）就如何促进技术转移政策的目标协同、组织协同和政策协同展开研究，认为由于政策体系的效能抵消，需要从导向机制、组织协调、管理评价三个方面入手，建立技术转移政策协同运行机制。骆严、焦洪涛（2015）认为，在促进科技成果转化上，当前很多政策需要重新设计，以实现其预期与功效。

国内外学者围绕科技成果转化进行了大量研究，主要集中于科技成果转化的现状、影响因素、效果评价以及对策分析等方面。总体来说，理论成果多而不优，尤其缺少科技成果转化全过程管理的系统性机制研究，难以为科技成果转化相关主体提供有益的实践指导。现有研究成果存在的不足主要有以下几点：一是关于科技成果转化模式的分类和设计存在局限性，二是关于科技成果转化机制的研究缺乏科学的因素分析和系统的内容设计,三是关于科技成果转化效率的评价体系在全面性、科学性方面有待完善,四是关于科技成果转化的推动策略研究过于宏观。面对科技成果转化需求强烈却效果不佳的严峻现实,亟须探索科技成果转化的有效模式。

三、科技成果转化主体构成

根据《中华人民共和国促进科技成果转化法》,科技成果是指通过科学研究与技术开发所产生的具有实用价值的成果,职务科技成果是指执行研究开发机构、高等院校和企业等单位的工作任务,或者主要是利用上述单位的物质技术条件所完成的科技成果;科技成果转化,是指为提高生产力水平而对科技成果所进行的后续试验、开发、应用、推广直至形成新技术、新工艺、新材料、新产品,发展新产业等活动。

科技成果转化主体,狭义而言,是指科技成果转化过程中的参与各方,包括科技成果供给方、需求方和技术中介。科技成果供给方包括科技工作者、科技成果的完成人、持有人和所有人;科技成果需求方主要是指迫切需要引入先进科技成果,提高现实生产力和产品竞争力的各类企业;技术中介为科技成果转化交易双方提供科技成果供需信息和政策咨询、技术咨询、法律咨询、评估、经纪等服务。

由于技术成果转化是一项重大、复杂的系统工程,在科技成果转化实践过程中,往往涉及各方主体,根据《中华人民共和国促进科技成果转化法》,科技成果转化涉及主体成员主要包括:一是国家及地方各级人民政府,管理、指导、协调和激励本行政区域内的科技成果转化工作,为科技成果转化提供政策支持和政策协同,建立、完善科技报告制度和科技成果信息系统,为科技成果转化创造良好环境;二是科技成果持有者;三是国家设立的研究开发机构、高等院校；四是具有科技成果转移需求的各类企业；五是科技中介服务机构，为技术交易提供交易场所、信息平台以及信息检索、加工与分析、评估、经纪等服务；六是公共研究开发平台；七是科技企业孵化器、大学科技园等科技企业孵化机构；八是银行业金融机构和保险机构；九是多层次资本市场和创业投资机构。下面以大连市科技成果转化部分主体为例，简单介绍大连市科技成果转化主体发挥的作用。

（一）传统高校及科研院所

2019 年，大连理工大学获批教育部首批高等学校科技成果转化和技术转移基地，标志着大连市辖区正式拥有国家级高校成果转化基地。中国科学院大连化学物理研究所作为以可持续发展能源研究为主导的国立科研机构，在基础研发、成果转化、产业化应用等方面都具有很强的科研实力，始终把开展国际交流与合作，作为实现世界一流研究所战略目标的重要措施之一，近几年，积极响应"一带一路"倡议，落实中国科学院"率先行动"计划，推进国际间科技成果转移转化，依托大连，为"一带一路"沿线国家经济建设提供技术服务。

除大连理工大学和中国科学院大连化学物理研究所之外，大连还拥有大连海事大学、东北财经大学、大连工业大学等 20 家本科高校，大连职业技术学院、大连航运职业技术学院、大连装备制造职业技术学院等 10 家专科高校，辽宁省海洋水产科学研究院、大连机车研究所、大连合成纤维研究所、大连市电子研究所等 10 余家省市级研究机构。大连地区高校、研究机构较为集中，大院大所优势明显，积累了大量科研成果存量。

（二）政府主管部门

为贯彻落实《辽宁省人民政府关于进一步促进科技成果转化和技术转

移的意见》（辽政发〔2015〕55号）精神，大连市人民政府于2016年颁布了《关于进一步促进科技成果转化和技术转移的实施意见》（大政发〔2016〕48号），要求市科技局、市发展改革委、市经信委、市财政局等多部门密切配合，全面实施创新驱动发展战略，推进大连市科技成果转化和技术转移工作。大连市科技局每年通过科技资金，除重点支持大连市具有科技核心竞争力的各类项目外，还根据《大连市科技成果转移转化专项资金管理办法（试行）》等规定，开展年度市科技成果转移转化补助工作，充分发挥政府在科技成果转化工作中的引领和支撑作用。

（三）专业科技成果转化转移服务机构

目前，大连市专业的科技成果转化转移机构数量还比较少，但在政府各项政策的激励下，大连市越来越多的社会服务机构开始关注并积极参与科技成果转化工作，尤其是很多传统专利申请代理公司借势转型，纷纷建立自己的移动互联网平台，开展专利成果推广工作。2015年4月，科技部、上海市政府共同推进，成立国家级区域技术转移平台——国家技术转移东部中心。2017年12月，国家技术转移东部中心大连分中心正式落户高新园区，为大连市科技成果转化领域注入了新鲜的血液、成熟的发展经验和有效的运营模式，有助于改造科技传统产业、推动传统产业升级，其与新兴产业发展深度融合，有效促进了大连市科技成果转化相关工作。

国家技术转移东部中心大连分中心的建成无疑是技术转移、技术金融创新和知识产权服务等多项平台服务领域发展的新纪元。在未来，国家技术转移东部中心大连分中心将以加速技术转移和科技成果转化为核心，引进一批高端化、专业化、市场化的技术转移服务机构，使之建成一体的区域技术转移平台和科技成果转化生态系统，为大连区域内的相关高校院所和产业机构提供科技成果交易和技术升级服务。

（四）投融资公司和创新创业平台

越来越多的投融资机构意识到，中国科技成果存量巨大，发展潜力广阔，是一个亟待开采的宝矿。很多投融资机构以及各类创业孵化器、加速器，对于科技成果的商业价值、转化难度、成果持有人的创业品质、研究团队的市场化程度诸多方面均有丰富的从业经验，在资金筹集、股权结构设计、团队打造、产品推广等方面尤为擅长。不论是各级政府引导基金，还是第三方投资机构，都在积蓄力量，在保证商业利益的前提下，助力中国科技成果落地转化。在这方面，大连已有很多专业投资机构进行布局，加强与本地高校、科研院所、新兴科技企业联系，共同推进大连市科技成果转化工作。

四、科技成果转化难以落地的根本原因

随着《中华人民共和国促进科技成果转化法》《中华人民共和国科学技术进步法》等政策法规的不断修订完善，我国创新驱动发展战略的全面实施，我国科技成果转化工作有了跨越式发展，有效促进了科技成果转化为现实生产力，推动科技与实体经济相结合，更有利于合理利用科技资源，加速科技进步，提高我国整体经济效益和社会效益，进一步促进我国社会主义经济建设、经济社会发展和维护国家安全。但随着我国经济社会发展和科技体制改革的深入，科技成果转化过程中体制机制固有矛盾不断凸显，科技成果转化过程中暴露出种种问题，使得科技成果转化难以落地。

（一）成果对接渠道畅通度不够

部分地区拥有众多高校院所，科技成果创新主体资源丰富，但转化过

程缺少对接渠道，对资本进入的阶段和校企权责划分的比重缺少体系化、规范化的解释，高校院所获得的科技成果被转化渠道通畅度不够，影响了城市整体的成果转化率，与成果创造率不匹配。高校院所确定的研究选题在完成成果研发时缺乏转化引导，后续研究开发与企业需求联系不密切，造成科研方向与市场脱节，难以转化为实质生产力。

（二）企业缺乏吸纳高校院所科技成果的主动性

部分地区高校和科研院所的优质科技成果被全国各地企业关注，相比之下，本地企业吸纳优质科技成果的主动性明显不足。一方面，部分企业缺乏推出新项目、研发新产品、推动产业转型升级的迫切性，缺乏自行或与高校院所合作解决生产实际问题的动力；另一方面，部分企业没有真正成为科技成果转化主体、科技研发经费投入较低、企业创新意识不强，习惯通过加大人力、资金投入来实现企业效益，这是该地区高校院所在科技转化成果中转化率不高的直接原因。

（三）成果转化模式新颖度不够

目前，科技成果转化模式在国内高校中有四种表现模式，分别是技术转移模式、自办企业模式、合作转化模式和大学科技园模式。合作转化模式和大学科技园模式属于合作转化方式，此方式有利于研发单位以技术为纽带形成和高校利益共享、风险共担的合作机制；弊端是照搬高校的管理模式，与企业的管理方法脱节，造成科研成果市场竞争力不足，科技成果应用化市场难以开拓的情况。自办企业模式和技术转移模式降低了成果转化的交易成本，是企业自主孵化科技成果的一种模式；但其门槛低，合作规模小，不能满足科技成果转移和技术创新的需求。

（四）产学研配合市场成熟度不够

一直以来，高校教师对于国家财政主导的纵向课题更加关注，受高校考核评价体系的影响，"重研发、轻转化""重论文、轻专利"，侧重于基础理论和科学技术前沿问题研究，追求成果新颖。高校成果转化部门及企业之间很难形成科技成果"创造—转化"权责明确的工作链条，以至于很多高校存在没有对市场进行深入调研的问题，企业在明确项目承担方的结果转化方面，很难明确责任和期限。高校的科技主管部门未将科技成果转化工作情况纳入项目评估和考核指标体系中，造成许多科技成果处于实验室阶段，技术成熟率较低。

（五）中介机构服务能力和服务水平有待提高

部分地区尚未建立关于产学研深度合作的中介信息服务中心，现有科技转化平台承担了科技成果展示、企业科技创新需求和科技成果转化相关支持政策等功能，并提供了科技成果转化合同模板，但所提供的知识产权和科技成果转化转移服务，仅限于"牵线搭桥"式的中介信息服务，服务功能单一，专业化不足，资源匹配度低，远远不能满足科技成果转移和技术创新的需求。资源不能很好地汇聚也导致了服务人员的专业性提升速度缓慢，亟须搭建一个汇聚产、学、研、政府、中介、投融资各方资源的综合性服务平台，更好地服务于科技成果转化和科技转移。

（六）部分科技成果与产业发展不相匹配

科技成果与产业发展不相匹配的情况比较普遍，例如，装备制造、精细化工和海洋工程等是某地区的传统优势产业，也是吸纳高校院所科技成果的主要产业领域。但对于部分需要直接与特定资源和产业领域对接的科技成果，如该地区某科研院所在煤化工领域拥有很多高质量成果，须

第五章　科技金融服务平台科技成果转化核心功能的实现

在煤资源丰富的地区实施才能实现最大经济效益，所以该地区某科研院所近年来重大的DMTO专利技术的转化主要分布在陕西等地，无法直接在本地转化。

（七）市场化科技成果转化资金资源供给短缺

资金短缺是制约科技成果转化快速发展的关键短板之一。由于科技金融结合不够深入，科技成果转化的投融资体系和机制尚不健全，辖内一些金融机构对一些转化周期长、技术风险和市场风险大的项目的支持积极性不高，投融资风险基金数量少，支持力度较小，不能为不同阶段的科技成果转化提供充足的资金支持，导致科研机构与企业在创新发展中需面对土地、厂房、人才、流动性不足等问题，亟须科技金融服务的引入，来对科技企业和科研机构提供资金支持，以便跨越"达尔文死海"。

五、科技金融服务平台科技成果转化核心功能设计方案探索

科技金融服务平台科技成果转化核心功能实现。科技金融服务平台是联合金融机构、孵化器、投资机构等，针对科技企业提供全流程的科技金融服务平台。科技金融服务平台聚焦于成果转化全周期服务，通过建设全生命周期线上交易体系、线上投融资对接体系、线上孵化培育体系等，构建一个为科技成果转化提供全流程专业服务的专业科技金融服务平台，实现技术、资金、政策和中介服务的集成，形成集聚效应，推动区域经济高质量发展。

1. 全流程科技金融服务平台

全流程科技金融服务平台提供科技企业技术需求、专家技术成果对接、

金融机构服务产品、孵化机构服务产品、投资机构服务产品、科技成果转行平台等六个环节，为科技企业提供全方位科技金融服务。

（1）技术需求：对企业核心技术的详细需求，包括新产品研发、升级迭代、需要资金的支持等。

（2）专家技术成果对接：通过专家技术成果对接，整合技术要素资源，搭建科技成果对接平台。

（3）金融机构服务产品：整合各类科技金融服务产品，为企业提供融资渠道支持。

（4）孵化机构服务产品：为入驻孵化器的企业提供孵化资源支持。

（5）投资机构服务产品：为投融资双方搭建高效对接渠道和机制，并根据企业发展需求提供股权投资和债务融资的专业服务。

（6）科技成果转化平台：为科技成果转化提供全流程线上交易平台，实现从项目发布、项目审核到资金投放的全流程线上化，帮助企业快速进行科技成果转化。

2. 线上交易体系

通过"平台+工具"，集成技术交易服务、知识产权服务、交易撮合等核心功能，打造科技企业全生命周期线上交易体系。

（1）技术交易：面向项目方提供项目发布、项目咨询和匹配等功能，降低供需双方沟通成本，提高效率。平台已有"一带一路"国际技术交易服务平台等成功案例。

（2）专利服务：面向企业提供专利挖掘分析和撰写规划等服务，帮助企业快速获得专利保护，并指导企业进行专利布局，提高企业核心竞争力。

（3）知识产权服务：面向企业提供知识产权服务平台，建立从知识产权申请到授权的全流程生态圈。

（4）交易撮合：通过线上撮合方式实现供需双方在线对接与交流，促成科技成果交易。"平台＋工具"将从线上实现项目发布、信息匹配、自动撮合等功能，高效链接供需双方，促进交易达成。

3. 线上投融资对接体系

针对科技型中小企业融资难问题，科技金融服务平台依托科技部、中科院以及地方政府的支持，引入金融机构、孵化器、科技服务机构等资源，通过线上线下联动，构建科技企业投融资对接体系，为科技型中小企业提供精准的线上投融资服务。

一方面通过线上项目路演活动，在线下举办科技项目路演活动，促进资源的高效对接；另一方面，通过科技成果转化促进计划进行线上项目对接活动，搭建资本和项目之间的桥梁。

此外，为科技型中小企业提供债权融资、股权融资等资本市场服务，通过构建"一企一策"的帮扶计划为科技型中小企业提供针对性的服务，解决企业在发展过程中面临的融资难题。

4. 线上孵化培育体系

科技金融服务平台依托于线下孵化器和投资机构等，通过建设线上孵化培育体系，打造"线上＋线下"服务模式，为企业提供政策辅导、项目对接、资源整合、线上咨询等全方位服务。

（1）政策辅导：依托科技金融服务平台资源，提供政策申报、资金支持、知识产权等方面的辅导服务。

（2）项目对接：依托科技金融服务平台，对接企业和政府相关部门的需求。

（3）资源整合：依托科技金融服务平台，汇集高校院所、专业服务机构及创新创业人才等资源，整合地方政府产业政策、专项资金及其他配套支持政策，集聚政府产业基金和各类创新创业大赛资源，打造"一站式"

科技金融综合服务平台。

（4）线上咨询：依托科技金融服务平台，提供政策咨询、项目指导、投融资对接等线上咨询和指导服务。

5. 技术交易市场

技术交易市场是一种技术产权与技术交易结合的市场形态，其核心在于通过创新科技成果转化机制，利用互联网、大数据等现代信息技术，打造一条高效、低成本的成果转化服务链条。

科技金融服务平台在打造"线上+线下"的科技成果转化生态体系基础上，探索在全国范围内建设包括技术交易、知识产权交易、科技金融交易等在内的全生命周期线上交易体系，围绕创新成果从实验室到市场的全过程服务，实现技术和知识产权交易，助力形成完善的科技成果转化生态。

科技金融服务平台将打造一个包含"线上+线下"的全生命周期线上交易体系，为广大科技企业提供线上交易平台，并通过线下运营团队打通线上与线下、打通产业链条。

6. 政策服务中心

政策服务中心是为企业提供科技成果转化及科技金融领域政策服务的一站式服务平台，通过大数据、人工智能技术，实现对科技企业的精准画像，支持企业精准申报科技政策和科技金融政策，为企业提供政府补贴申请、政府专项资金申请等服务。通过一站式科技金融服务平台，企业可根据自身发展阶段的不同，选择相应的科技金融产品进行融资或直接购买相应产品。

第六章　科技金融服务平台科技企业评估系统的引入

2021年5月，习近平总书记在中国科学院第二十次院士大会、中国工程院第十五次院士大会、中国科协第十次全国代表大会上强调为了加快建设科技强国，实现高水平科技自立自强的战略目标，要确立企业创新主体地位，加强创新链产业链融合，增强企业创新动力，正向激励企业创新，反向倒逼企业创新。同时也提出，当前科技评价体系还不适应科技发展要求，科技生态需要进一步完善。

一、制约科技企业高质量发展的主要原因

作为科技创新生力军，科技企业是新产业、新业态和新动能的杰出代表，通过推出新产品、提供新服务、应用新技术、拓展新市场、创建新模式或构建新业态等实现高速成长，已成为推进我国实体经济高质量发展的重要力量。明确的产业规划、有效的政策措施、扎实的产业基础和良好的配套环境有效地推动了我国科技产业创新发展，但与之同时，科技企业高

速发展过程中一些体制机制上的问题也逐渐显露出来。

（一）融资不畅，发展受限

近几年，不少省市初步建立"科技型中小企业—高新技术企业—瞪羚独角兽企业"三级梯度培育体系，通过加大政策激励力度，推动科技型中小企业和高新技术企业的整体发展。但对于一些初创期和种子期科技企业，由于不满足激励政策硬性要求，无法获得有效的政策扶持，再加上缺乏风险资金投资，银行等金融机构授信不足，这些企业尽管有一定的研发实力和科研潜力，具有较大的成长空间，但由于融资不畅，企业缺乏进一步成长所需资金，其未来发展受到很大影响。随着科技企业数量的快速增长，这一矛盾将愈加深化。

（二）科技和金融有待深度融合

受新冠肺炎疫情冲击和国际不稳定政治经济局势影响，这几年，我国科技型中小企业生存和发展面临严峻挑战，如何加快技术创新和金融创新，推进科技与金融的深度融合，是科技企业不断提高自身实力和综合竞争力，实现高质量发展的关键。目前来看，很多地区多层次的科技金融服务体系还未建立，科技金融服务渠道还未完全打通，一些创投基金、天使基金对广大科技型中小企业的支持还比较有限，尤其是处于初创期的小型科技企业，金融支持力度不足，融资难题比较突出，而且由于缺乏抵押物，无法通过金融机构获得发展资金信贷支持，亟须政府加强引导和帮助。

（三）政策支持需进一步精准

目前，各地政府部门对本地科技产业发展的重视程度在不断提高，相继出台了科技企业培育方案实施方案及实施细则等，有效促进了当地科技产业的高速发展，但部分政策支持与不同成长阶段企业需求相失衡，政策支持不够精准，对科技企业的激励和支持，实际效果不够理想，以初创期科技企业为例，很多科技金融政策没有惠及该类企业，即便有所支持，给予的金融支持力度也很小，不能满足其发展需要，尤其是处于初创期的科技企业，迫切需要大量研发、中试和启动生产方面的投入，但由于缺乏有效的政府引导资金支持和适宜的政策环境，发展很受局限。雏鹰、瞪羚、独角兽企业固然很好，但众多的科技企业才是一个城市科技产业整体实力的体现，只有加大对初创期、种子期科技企业的投入，打好科技产业基础，才能踊现更多优质的雏鹰、瞪羚、独角兽科技企业。

（四）缺乏有效引导，企业成长空间有限

部分城市目前尚未建立专门面向科技企业的综合性科技金融服务平台，没有关于产学研深度合作的中介信息服务中心，现有平台如科技转化平台承担了发布科技成果展示、企业科技创新需求和科技成果转化相关支持政策相关功能，并提供了科技成果转化合同模板，但所提供的知识产权和科技成果转化转移服务，仅限于"牵线搭桥"式的中介信息服务，服务功能单一，专业化不足，资源匹配度低，远远不能满足科技企业多样化的需求，导致科技企业无法获得更具专业性的服务，应尽快建立面向广大科技企业，汇聚产、学、研、政府、中介、投融资各方资源的综合性服务平台，更好地为科技企业提供科技金融服务，包括企业培训、辅导咨询、工商服务、知识产权、人力资源、人事社保、财税服务、科技保险、法律顾问、政策申报、企业培育、上市辅导等，推动科技产业高质量发展。

（五）企业硬实力不足，技术革新意愿较低

目前，科技企业发展的一个现象是企业技术革新意愿不高，尤其是一

些中小科技企业，究其原因，部分地区高校、科研院所"大校大所"特点比较突出，其很多科研成果是为国家服务的，和企业需求相脱节，加上企业实力不够雄厚，无法承托重大的科研成果，而且近几年，高校科研成果入股的科技成果转化模式，受到了一定的限制，而企业用于研发的资金有限，加上科技金融服务不足，导致一些科技企业技术革新意愿较低，科技成果应用难以落地实现，科技企业后继发展缺乏动力。

（六）产学研配合度不足，企业创新资源有限

部分地区科技企业发展与高校、科研院所合作不够紧密，高校教师科研方向与市场脱节，造成许多科技成果处于实验室阶段，技术成熟率较低。尽管这些地区可能拥有众多高校院所，科技成果创新主体资源丰富，但转化过程缺少对接渠道，对资本进入的阶段和校企权责划分的比重缺少体系化、规范化的解释，高校院所获得的科技成果被转化渠道通畅度不够，企业能够用于科研创新的资源十分有限。我国科技产业发展迫切需要发挥企业出题者作用，加强产学研协作，尤其是深化与知名高校和科研院所的合作，形成产学研相互促进的整体环境，推进重点项目协同和研发活动一体化，丰富科技企业创新资源，加快构建龙头企业牵头、高校院所支撑、各创新主体相互协同的创新联合体，发展高效强大的共性技术供给体系，提高科技成果转移转化成效，推动科技产业创新发展。

二、科技金融服务平台引入科技企业评估系统的必要性

随着创新驱动发展，建设科技强国战略的全面实施，我国科技创新取得重大突破，已成功进入创新型国家行列，2022年，我国全社会研发经费

支出首次突破3万亿元，研发投入强度首次突破2.5%，基础研究投入比重连续4年超过6%。我国高新技术企业数量从2012年的3.9万家增长至2022年的40万家。在上海证交所科创板、北京证交所上市的企业中，高新技术企业占比超过90%。现代化经济体系是以实体经济、科技创新、现代金融和人力资源等要素协同发展的一种体系，其中科技创新在现代化经济体系当中起着核心支撑作用。因此，要从根本上推动我国实体经济高质量发展，需要对重点科技企业加大扶持力度，聚集国内外创新资源，促进更多的科技企业成为雏鹰、瞪羚和独角兽企业，为实体经济长远发展积蓄能量。

然而，面对如此多的科技创新企业，金融政策扶持对象的选择一直是上述工作的难点，迫切需要科学的科技企业评估系统，对企业进行综合评价，分析其经营状况、科技创新能力、长期发展能力、阶段性融资需求、技术需求等，筛选出更多未来能够成为雏鹰、瞪羚和独角兽的企业给予扶持，进而加强科技企业金融服务的针对性和有效性，促进更多的科技企业成为雏鹰、瞪羚和独角兽企业，打通新兴产业堵点，支撑实体经济高质量发展。对于科技企业的评估，往往意味着其生产经营、战略定位与价值管理的价值评估，企业之间的兼并收购和投资者的投资活动等的价值定位。目前，针对企业价值理论开展的研究虽然比较多，但主要是站在传统企业的特点上进行的分析，而对于成长期的高科技企业来说，其规模小、高风险、高投入、高收益、高成长、高无形资产占比等特点，往往与传统企业大相径庭，传统的价值评估方法也就不适用了。只有对科技企业展开科学评估，企业管理者和投资者才能对企业的内在价值有明确的认识，才能够使决策者开展的经营管理活动更加的优化，使战略方向更加的科学，使资本的利用效率得到有效提高，也有利于相关部门开展监管工作，使培育政策不断跟进，使企业创新动力不断增强。

立足于科技金融服务平台，从实际应用角度出发，基于市场、投资、政府等多方主体视角，在分析国内外先进科技企业评估系统建设模式基础上，分析入库科技企业经营状况、科技创新能力、长期发展能力、阶段性融资需求、技术需求等，对科技企业开展"精度画像"，探索基于人工智能评级方法的科技企业评估系统，并将其应用于综合性科技金融服务平台的企业评价，进而提出发展建议及落地措施，提高科技金融服务科技企业的针对性和有效性，能够有效促进科技企业实现快速发展，具有重要的理论意义和实践价值：一是有助于有效筛选出具有重大发展潜力的优质科技企业，并且在评级过程中，能够通过对企业进行科学画像，找出企业发展中的不足之处，有针对性地制定扶持方案，有利于通过精准服务提升企业创新能力，推动其快速成长为高新技术企业，进而升级成瞪羚、独角兽等类型企业；二是围绕科技金融服务平台已入库科技企业开展评价工作，确保政府部门既能从宏观上把握科技企业总体现状、发展格局和未来趋势，又能从微观上统筹协调创新资源，实现针对重点科技企业精准服务，有利于挖掘出更多优质科技企业，提高其创新发展水平，使其快速成长为雏鹰、瞪羚、独角兽等类型企业，促进实体经济实现高质量发展；三是立足于科技企业运营特点和实际发展状况，建立基于人工智能的科技企业评估系统，对国家科技型中小企业评价系统中科技型中小企业进行评级，筛选出具有巨大发展潜力的科技企业，建立优质科技企业培育库，有利于优化科技资源配置，促进其更多地分配到优质科技企业，提高科技产业相关政策有效性，推动企业创新，同时也有助于政府部门更好制定科技产业扶持政策，提升整体创新能力，培育发展新动能和营造科技创新良好环境，促进社会创新，有利于解决科技评价体系改革不强、企业创新动力不足、创新体系整体效能不高、科技创新资源整合不够、科技创新力量布局有待优化、科技投入产出效益较低等难题。

三、科技企业价值评估相关理论

（一）企业价值评估相关理论

关于科技企业评估研究，目前主要集中在企业价值研究方面。李传华（2010）将高新技术企业的价值来源分为两个方面：企业现有的资源禀赋在当前可创造的价值为企业的现有获利价值；企业所有资源和资产在未来有可能创造的所有价值。周盛（2012）以信息技术企业为样本，从盈利能力、账面资产、偿债能力、风险因素、资本结构、规模扩张和研发强度七个方面对我国高新技术企业价值的影响因素进行了实证分析，找出了企业价值的正向影响因素和负向影响因素。藏莹慧、孙长江（2013）围绕高新技术企业高管股权激励对企业价值的影响展开研究，发现在一定范围内高管股权激励与高新技术企业价值呈正相关关系。孙晓鹏（2015）研究了浙江省科技型中小企业管理层持股与企业创造价值能力的关系，发现管理层持股与企业创造价值的能力存在着倒 U 形的关系。

（二）科技企业价值评估的相关理论

与一般的企业价值评估不同，科技企业价值评估主要以知识产权、专利、创新能力等无形资产为主，采用的评估方法主要有折现现金流法、实物期权法、组合模型法等方法。2005 年，Fisher 提出折现现金流法之后，该方法被广泛应用于科技企业评估。Frykman 和 Tolleryd（2010）认为，折现现金流模型适用于科技企业及高成长企业，并提出了不同的现金流计算方法。

张春源、李姚矿（2009）对折现现金流的折现率进行修订，他们认为折现率的计算应考虑企业运营健康度和企业发展潜力指数，并提出了相应的计算模型。实物期权理论提出以后，该方法在学术界逐渐完善并被引入科技企业的价值评估研究中。张维（2007）认为，在完全竞争的假设下，通过假设竞争者进入服从泊松分布，得到了共享的期权价值，同时他又参照标准金融期权的红利发放处理方式，提出了期权价值评估的一般性分析框架。宁文昕、于明涛（2006）提出了高新技术企业实物期权的非交易性、非独占性、先占性、复合性等特点，并运用传统的战略分析对复合实物期权进行选择，提出了高新技术企业的实物期权价值评估程序。李姚矿、熊兴华（2008）结合科技型中小企业的特点以及风险投资者对企业发展的乐观度，引用模糊集合理论，对传统的期权定价模型进行模糊化，提出了适合风险投资中科技型中小企业的模糊实物期权定价模型。

李恩平、赵红瑞（2011）用实物期权概念，将风险投资的价值分为内在价值和期权价值，针对高新技术企业风险投资的特性，构建了适合于高新技术企业多阶段风险投资价值评估的方法和期权定价模型。朱海明、谷洪才（2006）从生命周期的角度将高新技术企业分为创意期、创业成长期和成熟蜕变期，并指出了各个周期企业的特点和适用的评估方法。其中指出创意期企业比较适合采用期权定价法进行评估；创业成长期企业要从期权定价评估企业未来的成长值，同时考虑用现金流量法评估现有获利能力。李剑岚（2011）从企业生命周期角度考虑，认为高新技术企业的整个发展过程可以按阶段来划分，大致可以分为四阶段：种子期、初创期、成长期和成熟期。运用实物期权定价法评估科技企业价值时，要因时而变。他认为应采用期权定价法对初创期企业进行价值评估。

围绕企业价值分析方式对科技企业进行评估，国内外学者进行了大量研究，在理论界已建立相对成熟的研究体系，但从实践操作层面，成功案例鲜有出现，缺乏基于科技企业核心价值的评价方法，大多无法实际应用于科技企业价值评估，导致难以筛选出优秀科技企业，对接金融服务，采取相应的扶持政策,帮助其快速成长。所以应立足于科技金融服务平台设计方案,综合采用多因子分析、专家打分、聚类分析等量化分析方法,尝试为理论研究和社会实践搭建桥梁,设计一套符合我国科技企业发展实际并可操作的科技企业评估评价系统,应用于科技金融服务综合性平台的科技企业价值评估实践。

四、基于人工智能的科技企业评估系统设计方案

立足于科技金融服务平台,在深度走访调研基础上,科学研判科技企业运营情况和发展潜力,收集企业画像和企业价值评估所需数据,建立科技企业用户画像系统,包括确立相关标签分类和层级,通过机器学习及相关算法,生成科技企业挖掘类标签,组建由基金经理、企业管理专家、财务专家、行业专家、投资顾问、高校科研人员等构成的专家小组,对企业标签进行打分,构建基于人工智能的科技企业评估系统。

首先,立足于科技金融服务平台,科技企业评估系统以企业画像为基础,强化顶层设计,紧紧围绕人工智能、智能制造、集成电路装备、海洋工程、储能技术等优势及重点发展产业领域,尤其是处于初创晚期或成长期,具备一定投资基础和要素,业绩处于即将高速或者爆发增长阶段的重点科技企业、具有重大投资价值的部分高新中小企业、已获融资优质企业和新三板优质企业。科学评估科技企业的综合实力和发展潜力,充分运用政府引导资金,对优质科技企业予以重点扶持,切实增强政策引领和推动职能,为优秀科技企业创新发展提供有力支撑和保障。

其次,坚持问题导向,整体评估流程规范。从科学评估科技企业发展潜力角度出发,设计调研问题,建立科技企业标签和层级,利用聚类算法,生成科技企业用户标签,并在此基础上,构建专业评估团队,根

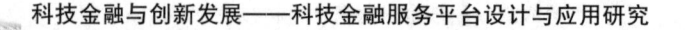

据企业标签对科技企业进行综合打分，进而筛选出具有重大培育价值的优秀科技企业。

基于人工智能的科技企业评估系统设计方案具体操作步骤如下：

（1）建立科技企业标签和层级。从企业运营、行业发展、商业属性、财务状况、融资瓶颈、竞争优势、人力资源和风险控制等多个维度，建立科技企业标签和层级，并拟定相应的重点科技企业调研问卷，详见附录"科技企业走访调研实施方案"。

（2）组建科技企业调研小组深入企业调研。组建由基金经理、企业管理专家、财务专家、行业专家、投资顾问、高校科研人员等构成的专家小组，深入拟评估科技企业开展调研，调研内容、时间安排、调研对象、走访维度、调研要求、工作步骤和阶段性目标详见附录"科技企业走访调研实施方案"。通过企业调研，获得拟评估科技企业用户画像体系相关数据，为建立科技企业画像系统做好准备。

（3）生成科技企业用户标签，建立科技企业画像系统。对科技企业调研小组入户调研数据，进行数据清洗，确定科技企业的事实标签；根据建模分析，确定科技企业的模型标签；根据调研数据情况，采用适合的聚类分析方法进行建模分析，确定科技企业的模型标签，并对科技企业划分层级，具体过程如图6-1所示。在此基础上，建立科技企业画像系统。

第六章　科技金融服务平台科技企业评估系统的引入

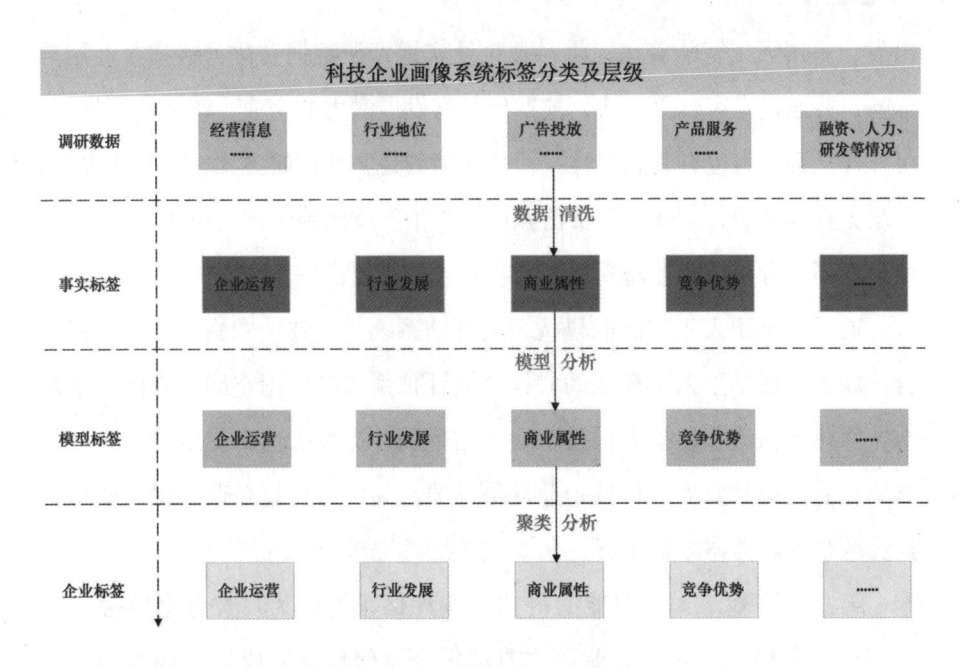

图 6-1　科技企业画像系统

（4）建立基于人工智能的科技企业评估系统。在科技企业用户画像系统相关标签分类和层级基础上，坚持"高内聚，低耦合"原则，采用密度、网格、层次等聚类分析人工智能算法，生成待评估企业的企业标签；然后，根据企业行业特点，组建由基金经理、企业管理专家、财务专家、行业专家、投资顾问、高校科研人员等构成的科技企业评估团队，对科技企业用户标签进行打分，每个企业标签按照标签的重要性分别赋予不同的权重，经加权计算得到该企业的综合性评估得分；最后，按照科技企业的综合性评估得分对企业进行排序，筛选出具有发展潜力和培育价值的优秀科技企业。

五、基于人工智能的科技企业评估系统应用探索

基于人工智能的科技企业评估系统从科学评估科技企业发展潜力角度

出发，采用人工智能算法，将科技企业实地调研数据转化为科技企业用户标签，并通过专家打分方式，挖掘出具有发展潜力的企业，整体流程规范，可操作性强，但也有其局限性：一是采用的是实地调研方式，调研成本高，无法大规模开展，实际应用价值偏低；二是步骤较为烦琐，技术虽然规范，但显然不适合科技企业蓬勃发展的实际评估需要。

通过将基于人工智能的科技企业评估系统与科技金融服务平台有机融合，能够拓展基于人工智能的科技企业评估系统的应用空间，降低评估成本，简化评估流程，扩大科技企业评估范围，提高筛选出优质科技企业的概率，满足蓬勃发展的科技企业评估需要，为广大科技企业提供高质量科技金融服务。具体方案如下。

第一，将基于人工智能的科技企业评估系统作为科技金融服务平台的一个服务模块，入库企业在注册填报企业信息并完成企业调查问卷之后，获得企业的初始信息，对企业进行画像和评估，筛选出优质科技企业，以更好地与资本对接，与政策对接，与优质服务对接，实现打通科技企业与各种资源对接的最后一公里，并且全程自动化处理，可以显著提高评估效率。

第二，将深入科技企业实地调研这一规范流程与科技金融服务平台强大的表单系统结合起来，通过系统填报和网上问卷等方式（本研究已经将调研问卷转化为网上问卷，可随时通过网络平台发布），搜集企业调研数据，为企业画像做好准备。

第三，充分利用科技金融服务平台中信息资源共享平台上信息共享、数据储存、数据处理、数据对接等方面的专业优势，在获得企业调研数据的第一时间，生成企业标签层数据，并通过初始相互式查询，完成企业标签和客户群分析，然后基于平台 Rhaoop 等机器学习工具，生成企业标签，并基于企业的专家打分量表，对企业进行评估打分，生成优秀科技企业的

第六章 科技金融服务平台科技企业评估系统的引入

个性化推荐,实时推送给资本、金融、中介等部门,以实现进一步的对接。

总体而言,基于人工智能的科技企业评估系统与科技金融服务平台相融合,以数据驱动为主,主要通过科技金融服务平台的科技金融信息资源共享平台来实现。科技金融信息资源共享平台包含两个核心功能,分别是数据交换和数据处理。在实际操作中,通过Spark、MongoDB、MySQL等数据库工具实现科技企业数据的导入、处理、储存和交互式查询;通过Rhadoop机器学习工具生成科技企业标签;最后利用信息资源共享平台数据处理功能,结合评估专家根据企业标签制定的评估打分量表,对企业进行评估打分,评估结果通过科技金融信息资源共享平台数据交换功能,实时推送给资源对接方。基于人工智能的科技企业评估系统与科技金融服务平台融合方式如图6-2所示。

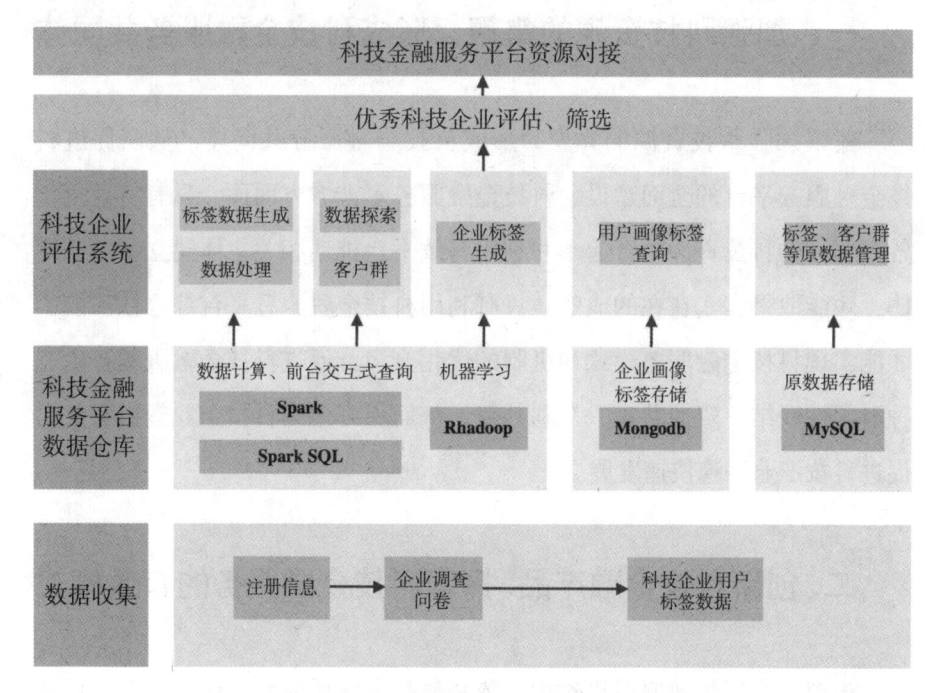

图6-2 基于人工智能的科技企业评估系统与科技金融服务平台融合方式

第七章　科技金融推动创新发展的政策建议

一、加强科技资源的集聚，形成科技金融服务共同体

建议加强科技资源的集聚，形成科技金融服务共同体，从而促进科技金融服务平台的全面建设。科技金融服务牵涉方方面面，只有将散落于各个领域的科技资源整合起来并利用有效平台推动相关主体建立利益共同体，才能取得实实在在的成效。只有利用科技金融服务平台综合性功能，才能实现科技金融服务模式和机制的优化升级，促进科技金融服务各生态种群柔性联结、资源共享、互利共赢，从而更好地为科技企业提供服务，促进科技产业平稳快速发展。

二、创新科技金融产品，探索科技金融服务的有效模式

建议充分发挥政府引导作用，依托科技金融服务平台优势，引入科技金融担保公司和第三方评估机构，破解科技中小企业无抵押限制，放大信

贷风险补偿专项资金等政府财政资金功效，撬动更多的银行资金或社会资金，降低科技企业获得银行授信门槛，惠及更多的科技型中小企业。在此基础上，探索科技金融服务的有效模式，引导科技金融服务各要素主体结成目标一致的利益共同体，促进科技资源整合、集聚和共享，提升科技金融服务的效率和效益。

三、厘清科技金融服务内在机理，重塑科技金融服务新机制

建议依托科技金融服务平台，厘清科技金融服务的内在机理，建立新型科技金融服务机制。通过分析科技金融服务涉及的要素主体和行为特征，针对科技金融服务各个阶段的发生动因和发展过程，探索科技金融服务的内在规律。按照新模式的运行方式，建立较为系统的科技金融服务的运行机制，重点研究科技金融服务的协同共生机制、公共服务支撑机制和平衡机制，并完善科技金融服务的保障体系。

四、发挥中介服务机构桥梁作用，释放科技创新活力

建议依托科技金融服务平台，充分挖掘中介机构的资源和潜力，促进中介服务机构、科技社团等发挥科技金融服务的桥梁作用。通过提供高效的科技金融服务信息服务，充分发挥中介服务机构、科技社团等媒介作用，让金融供给方和需求方精准对接，让科技金融服务助力企业科技创新能力提升，进一步释放科技创新驱动力，提升企业的知识产权储备和科技创新活力，并转化为实质生产力。

五、促进科技金融平台化，实现科技金融服务标准化

建议科技金融服务平台化。打造线上线下融合、多级联动的科技金融服务平台体系，加强服务平台实体环境规范化建设，推动科技金融服务跨地区、跨部门、跨层级业务协作，实现科技金融服务的标准化，包括科技金融服务事项清单标准化、办事指南标准化、审查工作细则标准化、考核评估指标标准化、企业用户和机构用户登记流程的标准化、线上线下支付标准化等，让入驻企业和投资机构享受规范、透明、高效的科技金融标准化服务。

六、科学引入科技企业评价机制，促使科技金融服务精准化

建议在科技金融服务平台上科学引入科技企业评估机制，从企业运营、行业发展、商业属性、财务状况、融资瓶颈、竞争优势、人力资源和风险控制等多个维度，建立科技企业标签和层级，进行企业评估，进而筛选入库优质企业，为优质科技企业搭建起桥梁和纽带，依托平台技术优势，将企业"点餐"与金融机构"配菜"有机结合，将企业需求与机构供给进行有效对接，删繁化简，去重除冗，简化环节，实现科技金融服务精准供给，让数据"多跑路"，让企业"少跑腿"，促进科技金融服务精准化和便捷化，加强科技资源整合、集聚和共享，提升科技金融服务的效率和效益。

七、加强政府、高校与企业有序互动，促进产学研协同创新

建议依托科技金融服务平台资源汇聚优势，为入驻科技企业提供优质的公共服务和增值服务，包括提供孵化场地、创业辅导、投融资对接、技术对接、研究开发与管理咨询等综合性服务，为高校、科研院所与科技企业间搭建起桥梁和纽带，帮助高校、科研院所与企业精准对接，加强政府、高校与企业有序互动，促进产学研协同创新，为科技型中小企业成长提供全程化支持。

八、发挥科技金融服务平台引导机制，优化重点产业战略布局

建议发挥科技金融服务平台的引导机制，推动地方重点专利领域，包括现代农业、智慧能源、绿色生态、人工智能等融合领域的知识产权战略布局，提升相关产业整体创新发展能力，同时加强科技企业的示范和引导，优化科技企业发展环境，营造有利于科技成果转移转化的良好社会氛围，推动重点产业领域科技企业快速发展，并以此为引领，优化重点产业战略布局。

附　录　科技企业走访调研实施方案

1. 调研内容：聚焦优势及重点发展产业，针对处于初创晚期或成长期，具备一定投资基础和要素的重点科技企业和部分具有重大投资价值的高新中小企业，为企业画像和企业价值评估做准备。

2. 调研目的：通过科技企业深度走访调研，了解企业的实际运营状况，收集企业画像和企业价值评估所需数据，以便更好地把握优势产业重点科技企业面临的种种融资难题，积极发挥政策引领和推动职能，为企业提供有效的帮助，帮助企业应对困难，破解难题；充分运用政府引导资金，灵活运用多种融资工具，搭建高效对接渠道，促进我市科技企业健康稳步快速发展；对于遴选出的重点企业，包括新三板优质企业、已获投资机构认可并开展融资的优质企业、获得科技部门认可的优质科技企业等作为创新科技发展投资基金前期储备项目予以重点扶持，促进其实现飞跃式发展。

3. 调研对象：紧紧围绕优势及重点发展产业，如人工智能、智能制造、集成电路装备、海洋工程及高技术船舶、储能技术等领域，处于初创晚期或成长期，具备一定投资基础和要素，业绩处于即将高速或者爆发增长阶段的重点科技企业，具有重大投资价值的部分高新中小企业，已获融资优质企业和新三板优质企业。

4. 走访小组构成及企业走访维度。

走访小组构成：根据调研目的和调研对象，项目组已形成由科技局领导、基金经理、企业管理专家、财务专家、行业专家、投资顾问、高校科研人员等人员构成的走访小组。

企业走访维度包括：

（1）企业创始人/团队/人力资源；（2）产品/服务；（3）专利/竞争；（4）运营；（5）融资/风险控制；（6）股权/财务；（7）销售/渠道；（8）行业/市场。

5. 调研内容：

（1）对企业进行实地走访，切实了解企业的实际运营情况，通过填报重点科技企业调研和需求清单，深入了解企业的基本经营状况、人员结构、管理政策等方面的信息，为企业画像做好准备；

（2）了解收集企业在经营当中遇到的实际困难，尤其是企业在融资方面的实际需求情况；

（3）了解收集企业在科技成果转化方面的需求情况。

6. 调研要求：

（1）高度重视，把调研走访活动当作深入了解企业实际情况、现场解决实际问题的契机；

（2）调研人员应事先对走访的企业情况进行相关的了解；

（3）根据走访企业的情况与特点，结合协会人员情况，合理安排调研小组；

（4）各调查小组人员合理安排组织走访行程，与企业做好相关的联系工作，确保走访调研工作顺利进行；

（5）认真做好走访过程中对信息的收集，广泛收集企业的意见和建议，

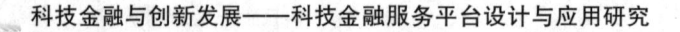

并给予高度重视；

（6）各调研小组走访结束后要及时梳理收集的信息、意见和建议。分析汇总，得出企业存在的共性和个性、突出的问题，以及各企业对具有针对性的扶持政策的建议。

7. 工作步骤：

（1）确定走访调研的企业名单，制作成表；

（2）合理安排企业走访的行程；

（3）确定走访调研小组成员的分配；

（4）提前做好与企业人员的联系工作；

（5）充分准备好走访调研的相应资料；

（6）及时对收集的信息、意见、建议分类汇总。

8. 调研阶段性目标（研究设计）。

第一阶段：初步筛选企业。

选择新三板优质企业，已获融资优质企业和优质科技企业，以及潜在引进优质企业进行实地走访，基于八大维度充分了解企业的实际运营状况，筛选出最适合投资的优质企业。

第二阶段：寻找优秀投资标的。

围绕筛选出的优质企业，展开深层次的企业调研，结合附录中的融资需求清单，进行投资价值分析，挖掘出具有重大投资价值的优秀企业，形成首期基金储备项目，基于中国证监会《关于全国中小企业股份转让系统挂牌公司转板上市的指导意见》《关于北京证券交易所上市公司转板的指导意见》指导精神，加大对有望转板上市企业的投资力度，以此来推动科技企业的飞跃式发展。

附　录　科技企业走访调研实施方案

表1　调研企业名单表

序号	企业名称	联系人	联系方式

表2　调研小组人员安排表

	姓名	职责与专长
组长		
组员		

表3　企业走访行程表

时间	调研企业名称	备注

附件1　重点科技企业第一阶段调研清单

序号	走访维度	调查内容	负责人	进展情况	待解决问题	备注
1	团队	公司组织结构图				
2	团队	公司管理层简介/简历介绍				
3	行业	行业调研报告、券商研究报告、商业计划书				
4	产品/服务	现有所有产品/服务类型清单以及详细介绍				
5	产品/服务	近期打算研发生产的产品/服务类型清单以及详细介绍				

续表

序号	走访维度	调查内容	负责人	进展情况	待解决问题	备注
6	产品/服务	公司目前合同的主要客户/商户/用户情况介绍				
7	产品/服务	公司产品与竞争者产品/服务对比的优势				
8	专利	公司目前专利及其他技术许可				
9	竞争	主要竞争对手（国内外）				
10	销售及渠道	公司主要渠道介绍（经销商、直销、加盟合作等）				
11	运营	资金投入情况、资金使用情况				
12	股权	公司的股权结构、股东介绍				
13	财务	财务报表（利润表、资产负债表、现金流量表）				
14	财务	公司未来的财务预测				
15	融资	公司目前详细的融资计划以及融资资金的使用计划				
16	人力资源	公司人员构成、社保情况、学历构成				
17	风险控制	公司潜在风险可能				

附件2　重点科技企业第二阶段调研清单

1. 企业名称：＿＿＿＿＿＿＿＿＿

统一社会信用代码：＿＿＿＿＿＿＿＿＿

行业类别：＿＿＿＿＿＿＿＿＿

联系电话：＿＿＿＿＿＿＿＿＿

地址：＿＿＿＿＿＿＿＿＿

资产总额：＿＿＿＿＿＿＿＿＿万

年销售额：＿＿＿＿＿＿＿＿＿万

员工数：＿＿＿＿＿＿＿＿＿[填空题]

2. 贵企业即将开展的重大生产经营项目 [填空题]

3. 围绕该项目，贵企业是否有融资需求 [单选题]

☐ 有　　　　☐ 无

4. 贵企业希望的融资方式 [多选题]

☐ 银行贷款　　☐ 股权投资　　☐ 债券融资　　☐ 产业基金（财政投入）

☐ 民间借贷　　☐ 内部集资　　☐ 自筹资金　　☐ 其他方式

5. 贵企业希望融资额度：＿＿＿＿＿＿＿＿万

贵企业能接受的最高融资利率：＿＿＿＿＿＿＿＿ [填空题]

6. 贵企业融资主要用途 [多选题]

☐ 流动资金　　　　　　☐ 修建厂房

☐ 设备更新和技术改造　☐ 其他

7. 贵企业希望的融资期限 [多选题]

☐ 1 年以内　　☐ 1～3 年　　☐ 3 年以上

8. 贵企业是否有可抵押资产 [单选题]

☐ 有　　　　☐ 无

9. 贵企业获得融资方面信息的渠道 [多选题]

☐ 银行客户经理　　☐ 同行及身边朋友介绍

☐ 媒体　　　　　　☐ 其他

10. 贵企业主要融资来源 [多选题]

☐ 银行贷款　　☐ 内部集资　　☐ 债券融资　　☐ 股权投资

☐ 民间借贷　　☐ 风险投资　　☐ 自筹资金　　☐ 其他方式

11. 贵企业目前银行贷款情况 [填空题]

银行贷款余额：＿＿＿＿＿＿＿＿万

贷款利率：＿＿＿＿＿＿＿＿

贷款类型：＿＿＿＿＿＿＿＿

贷款年限：＿＿＿＿＿＿＿＿年

12. 当前银行贷款是否能满足贵企业资金需求 [单选题]

□不能满足　　　□能满足　　　□部分满足

13. 贵企业银行贷款面临的困难 [多选题]

□缺乏抵押物　　　□审批周期过长

□审批手续烦琐　　□利率过高

14. 贵企业当前融资存在哪些困难 [多选题]

□联系不到投资主体　　　□想贷款没有抵押物

□缺乏专业知识　　　　　□需要政府扶持没有渠道

15. 贵企业获得银行融资的主要贷款方式 [多选题]

□信用贷款　　□其他企业担保　　□企业厂房抵押

□法人代表个人房产抵押　　　□存单抵押

□应收账款抵押　　□机器设备等动产抵押　　□担保机构担保

16. 贵企业目前资金需求状况 [单选题]

□有很大资金缺口，急需融资

□略有资金缺口，需要融资

□没有资金缺口，无须融资

17. 贵企业主要需要哪一类资金 [单选题]

□长期投资资金（一年以上）

□短期流动资金（一年以上）

□追加资本金（用于降低资本负债率等）

18. 贵企业对现有融资渠道融资效果的评价 [单选题]

□不满意，未达到融资目的

□基本满意，融资额度能够满足融资需求

□比较满意，有效控制了融资成本

□非常满意，获得了预期的投资回报

19. 贵企业评价融资成功的标准是什么 [单选题]

□融资金额达到要求

□融资金额达到要求，融资成本在预算范围内

□融资金额达到要求，融资成本在预算范围内，融资风险得到控制

□融资金额达到要求，融资成本在预算范围内，融资风险得到控制，获得预期收益

20. 贵企业是否有专门负责投资融资的财务人员 [单选题]

□是　　　□否

21. 贵企业融资专业团队的组成情况 [单选题]

□无团队，老板说了算

□管理层设有分管领导和分管部门

□管理层在企业内部临时募组

□聘请专业咨询机构

22. 贵企业是否接受股权融资 [单选题]

□是　　　□否

注：若本题选是，请继续进行调查，否则，调查结束。

23. 贵企业是否拥有专利 [单选题]

□发明专利　　□实用新型专利　　□无　　□其他

24. 贵企业技术水平 [单选题]

□国际领先　　□国际先进　　□国内领先　　□国内先进

25. 贵企业是否进入国家级计划 [多选题]

□863 计划　　□火炬计划　　□重点新产品计划　　□星火计划

□科技攻关计划　　□科技成果重点推广计划　　□其他

26. 贵企业已获得财政资金资助项目 [多选题]

□中小企业创新资金　　□挖潜改造基金　　□节能贴息

☐ 政银企项目贴息　　　　☐ 归国留学人员基金　　☐ 科技三项费用

☐ 软件进展基金　　　　☐ 中小企业国际市场开拓基金　　☐ 其他

27. 贵企业产品市场占有率 [单选题]

☐ 5% 以下　　　☐ 5% ~ 10%　　　☐ 10% ~ 20%

☐ 20% ~ 30%　　☐ 30% 以上

28. 贵企业产品利润率 [单选题]

☐ 5% 以下　　　☐ 5% ~ 10%　　　☐ 10% ~ 20%

☐ 20% ~ 30%　　☐ 30% 以上

29. 贵企业人均产值 [单选题]

☐ 5 万以下　　　☐ 5 万 ~ 10 万　　☐ 10 万 ~ 20 万　　☐ 20 万以上

30. 贵企业获得认证情况 [多选题]

☐ ISO9002　　　☐ ISO9003　　　☐ 其他认证

31. 贵企业管理层本科以上学历所占比例 [单选题]

☐ 30% 以下　　　☐ 30% ~ 50%　　☐ 50% ~ 80%　　☐ 80% 以上

32. 贵企业获得国际奖励 [单选题]

☐ 无　　　　☐ 3 次以下　　　☐ 3 ~ 5 次　　　☐ 5 次以上

33. 贵企业获得国家奖励 [单选题]

☐ 无　　　　☐ 3 次以下　　　☐ 3 ~ 5 次　　　☐ 5 次以上

34. 贵企业获得省级奖励 [单选题]

☐ 无　　　　☐ 3 次以下　　　☐ 3 ~ 5 次　　　☐ 5 次以上

35. 贵企业广告年投放量 [单选题]

☐ 50 万以下　　　☐ 50 万 ~ 100 万　　　☐ 100 万 ~ 500 万

☐ 500 万 ~ 1 000 万　　☐ 1 000 万 ~ 2 000 万　　☐ 2 000 万 ~ 5 000 万

☐ 5 000 万以上

36. 贵企业投资回收期 [单选题]

□ 1 年以下　　　□ 1～3 年　　　□ 3～5 年　　　□ 5 年以上

37. 贵企业投资风险倾向于 [多选题]

□ 政策风险　　　□ 市场风险　　　□ 治理风险　　　□ 其他

38. 贵企业项目所处阶段 [多选题]

□ 研发　　　□ 推广　　　□ 产业化

39. 贵企业计划采用的吸引投资方式 [多选题]

□ 增资扩股　　　□ 股权质押融资　　　□ 转让股权　　　□ 其他

40. 贵企业近几年的经营情况 [填空题]

年份	销售收入	净利润(万)	总资产(万)	净资产(万)	净现金值（万）	速动比率
2017						
2018						
2019						
2020						
2021						
2022						

41. 贵企业未来 5 年的销售收入预测 [填空题]

融资未成功	第一年	第二年	第三年	第四年	第五年
销售收入	万	万	万	万	万
市场份额	%	%	%	%	%
融资若成功	第一年	第二年	第三年	第四年	第五年
销售收入	万	万	万	万	万
市场份额	%	%	%	%	%

参考文献

[1] 全国人民代表大会常务委员会. 中华人民共和国促进科技成果转化法[EB/OL]. [2007-10-25]. http://www.npc.gov.cn/zgrdw/npc/lfzt/rlys/2015-02/25/content_1905508.htm.

[2] 国务院. 国家中长期科学和技术发展规划纲要[EB/OL]. [2006-02-26]. http://www.gov.cn/zwgk/2006-02/26/content_211553.htm.

[3] 中共中央, 国务院. 关于深化科技体制改革加快国家创新体系建设的意见[EB/OL]. [2012-09-23]. http://www.gov.cn/jrzg/2012-09/23/content_2231413.htm.

[4] 全国人民代表大会常务委员会. 关于修改《中华人民共和国促进科技成果转化法》的决定[EB/OL]. [2015-08-30]. http://www.gov.cn/zhengce/2015-08/30/content_2922322.htm.

[5] 中共中央, 国务院. 国家创新驱动发展战略纲要[EB/OL]. [2016-05-19]. http://www.gov.cn/xinwen/2016-05/19/content_5074812.htm.

[6] 国务院. 国家中长期科学和技术发展规划纲要[EB/OL]. [2006-02-09]. http://www.gov.cn/jrzg/2006-02/09/content_183787.htm.

[7] 大连市人民政府. 关于进一步促进科技成果转化和技术转移的实施

意见［EB/OL］．［2016-06-03］．https://www.dl.gov.cn/art/2016/6/3/art_852_367131.html?xxgkhide=1.

［8］大连市人民政府．大连市技术转移体系建设实施方案［EB/OL］．［2018-09-24］．https://www.dl.gov.cn/art/2018/9/24/art_852_366871.html?xxgkhide=1.

［9］大连市人民政府办公室．大连市加快培育和发展市场主体实施方案、大连市新型农业经营主体提升行动实施方案、大连市加快培育优质工业市场主体实施方案、大连市培育和发展商务领域市场主体实施方案、大连市雏鹰—瞪羚—独角兽—领军企业梯度培育工程实施方案［EB/OL］．［2023-03-13］．https://www.dl.gov.cn/art/2023/3/13/art_7851_2068399.html.

［10］辽宁省科学技术厅．辽宁省雏鹰、瞪羚、独角兽企业评价办法（试行）［EB/OL］．［2020-12-07］．https://kjt.ln.gov.cn/kjt/kjzc/dfkjzc/53AFD5A384664743AFE102C032A92E48/index.shtml.

［11］大连市科学技术局．大连市技术转移示范机构认定管理办法（试行）［EB/OL］．［2017-11-03］．https://kjj.dl.gov.cn/art/2017/11/3/art_4903_683860.html.

［12］大连市科学技术局．大连市重大科技成果转化专项管理办法（试行）［EB/OL］．［2018-07-27］．https://kjj.dl.gov.cn/art/2018/7/27/art_4901_675354.html.

［13］大连市科学技术局．大连市科技成果转移转化专项资金管理办法（试行）［EB/OL］．［2018-07-04］．https://kjj.dl.gov.cn/art/2018/7/4/art_4901_676138.html.

［14］北京市科学技术委员会、中关村科技园区管理委员会．中关村国家自主创新示范区促进科技金融深度融合发展支持资金管理办法（试

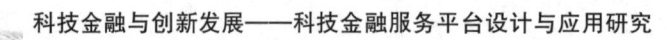

行）［EB/OL］.［2022-06-10］. http://zgcgw.beijing.gov.cn/zgc/zwgk/zcfg18/sfq/325861551/index.html.

［15］李善民,陈勋,许金花.科技金融结合的国际模式及其对中国启示［J］.中国市场,2015（5）:40-47.

［16］文杰.美国和日本科技金融发展经验及启示［J］.财经界,2018（31）:69-72.

［17］吴妍妍.科技金融服务体系构建与效率评价［J］.宏观经济研究,2019（4）:162-170.

［18］吴成颂,汪翔宇.市场竞争、商业银行金融创新与银行业系统性风险——基于14家商业银行的实证研究［J］.经济与管理评论,2019,35（2）:118-127.

［19］范建永,丁坚,胡钊.横空出世:知识产权金融与改革开放40年［J］.科技促进发展,2019,15（1）:45-53.

［20］罗勇.日本知识产权金融政策研究——以知识产权融资型信托为例［J］.法制与经济,2018（10）:31-33.

［21］肖冰,许可,刘海波.自由贸易港知识产权金融创新发展——基于新加坡的经验与启示［J］.海南大学学报（人文社会科学版）,2020,38（6）:42-49.

［22］安徽省人民政府办公厅.安徽省网上政务服务平台总体建设方案［EB/OL］.［2017-07-12］. http://www.gov.cn/zhengce/2017-07/12/content_5209858.htm.

［23］杨建华.中关村知识产权金融创新的探索、实践与思考［J］.中国科学院院刊,2014,29（5）:564-567.

［24］张涵宇,王子文,李天懋,等.我国知识产权金融创新发展研究［J］.国际金融,2018（8）:68-73.

[25] 许可, 张亚峰, 刘海波. 所有权性质、知识产权诉讼能力与企业创新[J]. 管理学报, 2019, 16 (12): 1800–1808.

[26] 郭玉增, 周宏梅. 雄安科技金融发展之路探析——以德韩科技金融发展模式为鉴[J]. 河北金融, 2018 (10): 12–14.

[27] 肖侠, 张勤虎. 科技型中小企业知识产权质押融资的一种新模式[J]. 经济研究导刊, 2018 (17): 153–156.

[28] 邓仪友. 政府推动知识产权金融的韩国经验及其启示[J]. 中国发明与专利, 2017, 14 (12): 29–33.

[29] 李丹. 韩国科技创新体制机制的发展与启示[J]. 世界科技研究与发展, 2018, 40 (4): 399–413.

[30] 许可. 技术转移服务机构的边界组织模式研究[D]. 北京: 中国科学院大学, 2020.

[31] 肖冰, 许可, 肖尤丹. 专利审查能够影响专利维持时间吗?[J]. 科学学研究, 2018, 36 (7): 1224–1234.

[32] 张玉喜, 赵丽丽. 中国科技金融投入对科技创新的作用效果——基于静态和动态面板数据模型的实证研究[J]. 科学学研究, 2015, 33 (2): 177–184.

[33] 张远为. 湖北省科技金融资源配置效率研究——基于BCC模型和Malmquist指数法[J]. 湖北社会科学, 2021 (9): 58–66.

[34] 边俊杰, 段可仪. 科技金融效率及其影响因素的省际差异性研究[J]. 赣南师范大学学报, 2022.

[35] 郭庆存. 创新转化正在成为科技成果转化的"新常态"[J]. 科技中国, 2020 (6): 45–49.

[36] 胡罡, 章向宏, 刘薇薇, 等. 地方研究院: 高校科技成果转化模式新探索[J]. 研究与发展管理, 2014, 26 (3): 122–128.

[37] 范旭，张端端，林燕. 美国劳伦斯伯克利国家实验室协同创新及其对我国大学的启示[J]. 实验室研究与探索，2015，34（10）：146-151.

[38] 戴志敏，郑万腾，杨斌斌. 科技金融效率多尺度视角下的区域差异分析[J]. 科学学研究，2017，35（9）：1326-1333.

[39] 李炳安. 美国支持科技创新的财税金融政策研究[J]. 经济纵横，2011（7）：97-99.

[40] 李林汉，王宏艳，田卫民. 基于三阶段DEA-Tobit模型的省际科技金融效率及其影响因素研究[J]. 科技管理研究，2018，38（2）：231-238.

[41] 刘亚兵，刘海文，李鹏强，等. 科技型中小企业双创服务系统[J]. 经济与管理科学，2017.

[42] 寇明婷，陈凯华，穆荣平. 科技金融若干重要问题研究评析[J]. 科学学研究，2018，36（12）：2170-2178.

[43] 吴盛光，吴彬. 打造知识价值信用融资服务平台[J]. 中国金融，2022（14）：100.

[44] 范旭，张端端，林燕. 美国劳伦斯伯克利国家实验室协同创新及其对我国大学的启示[J]. 实验室研究与探索，2015，34（10）：146-151.

[45] 梅永倩，王萌，谷雨. 基于DEA-Malmquist指数法的河南省科技金融效率评价[J]. 科技和产业，2022，22（5）：107-111.

[46] 唐栋，王滨，桂成，等. 我国科技金融效率及影响因素研究——基于三阶段DEA-Tobit模型[J]. 商业经济，2022（9）：180-183.

[47] 薛晔，蔺琦珠，高晓艳. 中国科技金融发展效率测算及影响因素分析[J]. 科技进步与对策，2017，34（7）：109-116.

[48] 廖岷，王鑫泽. 科技金融创新：新结构与新动力［M］. 北京：中国金融出版社，2016.

[49] 何国华，沈露. 科技金融的高质量发展和金融稳定效应研究［J］. 经济体制改革，2022（3）：134-141.

[50] 连平，周昆平. 科技金融：驱动国家创新的力量［M］. 上海：中信出版社，2017.

[51] 邵华. 美国金融支持科技创新的经验及启示［J］. 商业时代，2014（28）：108-109.

[52] 柏燕秋. 日本政府支持风险投资的政策与措施［J］. 全球科技经济瞭望，2016，31（2）：55-64.

[53] 张有荣. 金融支持科技企业发展的风险分担机制研究——基于浙江银行保险机构的第一手调研资料［J］. 浙江金融，2022（5）：3-12.

[54] 韩丽娜，李孟刚. 中国高新技术产业的金融支持体系研究［M］. 北京：社会科学文献出版社，2018.

[55] 袁家春. 高新技术产业发展与金融支持体系研究——评社会科学文献出版社《中国高新技术产业的金融支持体系研究》［J］. 价格理论与实践，2020（7）：182.

[56] 常雨茂. 资金来源对科技创新的影响研究［J］. 金融发展评论，2022（7）：61-71.

[57] 任祝. 天津科技金融服务体系现状、问题及对策研究［J］. 天津经济，2021（1）：28-32.

[58] 黄灿，许金花. 日本、德国科技金融结合机制研究［J］. 南方金融，2014（10）：57-62.

[59] 长城战略研究所. 美国科技金融创新实践：硅谷［J］. 中国科技财富，2015（11）：36-40.

[60] 刘伟、马伟、杨水清. 科技与金融深度融合新趋势[J]. 中国金融, 2022（7）：86-87.

[61] 任祝, 魏颖, 周元, 等. 京津冀科技金融融合发展与协同创新研究[J]. 创新科技, 2022, 22（6）：40-47.

[62] 杨济铭. 科技金融融合发展对策研究[J]. 中国商论, 2021（23）：77-79.

[63] 顾峰. 国内外科技金融服务体系的经验借鉴[J]. 江苏科技信息, 2011（10）：4-6.

[64] 张冬冬. 构建科技金融创新生态体系思考[J]. 国际商务财会, 2022（16）：80-83.

[65] 许超. 我国科技金融发展与国际经验借鉴——以日本、德国、以色列为例[J]. 国际金融, 2017（1）：75-80.

[66] 肖尤丹. 中国科技成果转化制度体系：法律、政策及其实践[M]. 北京：科学技术文献出版社, 2017.

[67] 卢慧婷. 金融科技背景下商业银行信贷业务模式创新研究——基于中小微企业融资视角[D]. 北京：商务部国际贸易经济合作研究院, 2022.

[68] 张佳宁. 甘肃省科技成果转化经济情况对策分析[J]. 甘肃科技, 2018, 34（24）：3.

[69] 唐五湘, 刘培欣. 科技金融平台运行机制研究[J]. 科技与经济, 2014, 27（4）：51-55.

[70] 杨荣. 全国供销合作社科技成果库建设服务体系研究[J]. 科技创新与应用, 2021（1）：102-104.

[71] 江积海, 张烁亮. 基于价值网的科技金融平台运作模式研究[J]. 科技进步与对策, 2014, 31（22）：14-18.

[72] 陆珺花，梅姝娥，仲伟俊.我国科技金融服务平台功能优化研究[J].价值工程，2014，33（11）：4-6.

[73] 齐美东，郑焱焱，王辉，等.共享共建型科技金融服务平台构建及运行研究[J].科技管理研究，2015，35（23）：36-41.

[74] 黎勇，崔延强.地方高校创业教育与区域社会协同发展的创新机制研究[J].国家教育行政学院学报，2019（12）：34-40.

[75] 王金武，王金峰，李岩，等.创新驱动下的农业工程类拔尖人才培养的探讨[J].商业经济，2015（9）：102-104.

[76] 王丰.政府支持科技金融发展模式研究[J].金融纵横，2017（7）：74-78.

[77] 姚俊兰，姜富明，周文泳.论高校科技成果转化的生态系统优化[J].科技与经济，2018，31（5）：5.

[78] 徐莉.科技金融服务平台的构建及运行探析——基于供给端的思考[J].中国商论，2017（32）：42-43.

[79] 华晔.论高校普及知识产权教育的必要性[J].科教导刊，2012（19）：62-63.

[80] 王秀芳，于濛，程月.构建京津冀科技金融平台的思路[J].经济与管理，2018，32（3）：17-21.

[81] 曾蓉.成都科技金融工作经验：搭建"科创通"服务平台 构建科技金融服务场景[J].民主与科学，2019（3）：28-30.

[82] 谢黎，唐美灵，任波."另类数据"在科技金融服务领域的应用研究[J].中国科技资源导刊，2019，51（5）：15-20.

[83] 张丰奎.论高校人才队伍建设与创新团队发展[J].中国成人教育，2007（10）：8-9.

[84] 王文桂."科技金融合作平台"的运营理念研究[J].会计师，

2019（13）：60-63.

［85］姜莉.系统论视野下的高校科技创新［J］.教书育人，2008（15）：20-22.

［86］罗广宁，陈丹华，肖田野，等.科技企业融资信息服务平台构建的研究与应用——基于广东省科技型中小企业融资信息服务平台建设［J］.科技管理研究，2020，40（7）：211-215.

［87］唐茂.基于哈长城市群的科技金融综合服务平台服务模式创新研究［J］.黑龙江科学，2020，11（8）：140-141.

［88］甄红线，贾俊艳.产学研协同创新的科学内涵与实现路径［J］.金融教学与研究，2013（2）：35-41.

［89］华晓龙.苏州推进科技金融发展的对策研究［J］.内蒙古科技与经济，2021（6）：24-25.

［90］毛有佳，毛道维.科技创新网络与金融网络的链接机制——基于苏州科技金融实践［J］.社会科学研究，2012（5）：66-68.

［91］李乐，毛道维.政府信用对科技创新与金融创新的推动机制——基于苏州市科技金融网络实践的研究［J］.经济体制改革，2012（4）：52-56.

［92］查敏，钱旭潮，王龙.基于转化主体与方式的科技成果转化评估［J］.企业经济，2013，32（6）：174-177.

［93］郑祥龙.新型商业模式在科技服务平台中的应用研究［D］.南京：东南大学，2016.

［94］彭学龙，赵小东.政府资助研发成果商业化运用的制度激励——美国《拜杜法案》对我国的启示［J］.电子知识产权，2005（7）：42-45.

［95］龙小燕，贾康.金融机构与政府合作型科技金融服务模式研究［J］.

经济研究参考，2015（7）：70-76.

[96] 李毅光，毛道维，倪文新. 政府主导型科技金融服务平台运行模式研究 [J]. 经济体制改革，2016（2）：197-200.

[97] 常旭华，陈强，刘笑，等. 开展全流程管理，推进高校科技成果转化应用——世界知名大学技术转移办公室（TTO）运行模式与启示 [J]. 科技中国，2017（8）：82-85.

[98] 孙龙建. 天津市科技金融服务模式创新研究 [J]. 产业与科技论坛，2015，14（23）：75-77.

[99] 姜安印，刘晓伟. 区域科技金融综合服务平台服务模式创新研究——基于供给端的思考 [J]. 攀登，2015，34（6）：72-77.

[100] 骆严，焦洪涛. 政府资助科技项目成果转化中国有资产管理制度的障碍及对策 [J]. 中国科技论坛，2015（5）：23-29.

[101] 中国科技评估与成果管理研究会，国家科技评估中心，中国科学技术信息研究所. 中国科技成果转化2021年度报告（高等院校与科研院所篇）[R]. 2022.

[102] 中国科技评估与成果管理研究会，国家科技评估中心，中国科学技术信息研究所. 中国科技成果转化2020年度报告（高等院校与科研院所篇）[R]. 2021.

[103] 中国科技评估与成果管理研究会，国家科技评估中心，中国科学技术信息研究所. 中国科技成果转化2019年度报告（高等院校与科研院所篇）[R]. 2020.

[104] 中国科技成果管理研究会，国家科技评估中心，中国科学技术信息研究所. 中国科技成果转化2018年度报告（高等院校与科研院所篇）[R]. 2019.

[105] 束军意. 众筹模式下科技金融服务平台功能架构研究 [J]. 科技

进步与对策，2016，33（10）：18-22.

[106] 王霞，傅喻. 兰白科技创新改革试验区科技金融综合服务模式研究［J］. 甘肃金融，2015（12）：31-35.

[107] 徐敏豪. 高校科研成果转化的困境与突破对策研究［J］. 财富时代，2021（3）：82-83.

[108] 邝丹. 互联网金融服务中小型科技企业融资模式研究［J］. 科技经济市场，2017（3）：92-93.

[109] 林娜. 国家科技创新体系建设现状及对策建议［J］. 商场现代化，2008（28）：78.

[110] 段紫薇. 广东省科技金融服务平台建设研究［D］. 广州：华南理工大学，2018.

[111] 胡翔，李明，李可，等. 乐山市科技金融信息服务平台建设［R］. 乐山市科学技术情报研究所，2020.

[112] 曹红志，李瑞霄，王利敬，等. 石家庄科技金融服务平台服务发展模式的研究［R］. 石家庄市科技创新服务中心，2021.

[113] 胥月. 盈创动力科技金融服务平台运行模式研究［D］. 绵阳：西南科技大学，2020.

[114] 刘美娟. 科技金融服务平台运行模式研究——以盈创动力为例［D］. 广州：广东财经大学，2019.

[115] 吴婵君. 浙江省政府引导型科技金融融合服务模式研究［J］. 花炮科技与市场，2020（3）：16-17.

[116] 赵宇玲. 科技型企业自筹基金项目成果转化探析［J］. 科技管理研究，2018，38（9）：176-180.

[117] 梅姝娥，仲伟俊. 我国高校科技成果转化障碍因素分析［J］. 科学学与科学技术管理，2008（3）：22-27.

［118］梅元红，孟宪飞．高校技术转移模式探析——清华大学技术转移的调研与思考［J］．科技进步与对策，2009，26（24）：1-5．

［119］戚湧，朱婷婷，郭逸．科技成果市场转化模式与效率评价研究［J］．中国软科学，2015（6）：184-192．

［120］杨萍，张源．我国科技成果转化的制度安排与机制优化［J］．科技管理研究，2010，30（9）：19-21．

［121］刘希宋，李玥，喻登科．国防工业科技成果转化知识对接模式及实施路径［J］．情报理论与实践，2009，32（3）：56-59．

［122］刘家树，吴佩佩，菅利荣，等．创新链集成的科技成果转化模式探析［J］．科学管理研究，2012，30（5）：26-29．

［123］杨栩，于渤．中国科技成果转化模式的选择研究［J］．学习与探索，2012（8）：106-108．

［124］杨京京，刘明军．高校科技成果转化机制研究［J］．科技管理研究，2005（8）：178-180．

［125］仲伟俊．公共产品创新问题研究［J］．东南大学学报（哲学社会科学版），2008（3）：13-19．

［126］王念，刘细发．我国高校科技成果转化的因子分析与路径选择［J］．企业经济，2011，30（8）：111-113．

［127］董洁，黄付杰．中国科技成果转化效率及其影响因素研究——基于随机前沿函数的实证分析［J］．软科学，2012，26（10）：15-20．

［128］何彬，范硕．中国大学科技成果转化效率演变与影响因素——基于Bootstrap-DEA方法和面板Tobit模型的分析［J］．科学学与科学技术管理，2013，34（10）：85-94．

［129］柳岸．我国科技成果转化的三螺旋模式研究——以中国科学院为

例 [J]. 科学学研究, 2011, 29 (8): 1129-1134.

[130] 尹航. 基于 BP 神经网络的科技成果转化项目技术经济可行性评价研究 [J]. 科学学与科学技术管理, 2008 (5): 99-106.

[131] 蔡跃洲. 科技成果转化的内涵边界与统计测度 [J]. 科学学研究, 2015, 33 (1): 37-44.

[132] 陈华志, 张明, 杨晓娟. 高校科技成果转化机制的优化研究 [J]. 科技管理研究, 2007 (5): 49-50.

[133] 牛盼强, 谢富纪, 刘奕均. 典型创新体系的比较研究 [J]. 现代管理科学, 2010 (7): 66-68.

[134] 李天柱, 侯锡林, 马佳. 基于接力创新的高校科技成果转化机制研究 [J]. 科技进步与对策, 2017, 34 (3): 147-151.

[135] 刘华, 周莹. 我国技术转移政策体系及其协同运行机制研究 [J]. 科研管理, 2012, 33 (3): 105-112.

[136] 李丹. 影响我国科技成果转化的若干因素分析 [J]. 长春工业大学学报, 2015, 36 (2): 52-54.

[137] 石朕, 吕东浩. 大连市政协委员呼吁加速科技成果转移转化, 跨越"达尔文死海"[DB/OL]. 人民政协网, 2021.

[138] 李传华. 基于价值管理的高新技术企业价值驱动因素研究 [D]. 西安: 西北大学, 2010.

[139] 王晓巍. 基于价值管理的高新技术企业价值评估研究 [D]. 哈尔滨: 哈尔滨工业大学, 2009.

[140] 孙晓鹏. BN 公司基于价值管理的业绩评价体系研究 [D]. 青岛: 中国海洋大学, 2015.

[141] 李思颖. 创业板高新技术企业研发 (R&D) 投入与企业价值的相关性研究 [D]. 北京: 首都经济贸易大学, 2014.

[142] 藏莹慧, 孙长江. 高新技术企业股权激励对企业价值的影响研究[J]. 会计之友, 2013 (24): 69-72.

[143] 周盛. 高新技术企业价值影响因素的实证研究[J]. 企业家天地, 2012 (7): 36-37.

[144] 张春源, 李姚矿. 高新技术企业价值评估中确定折现率的新思路[J]. 价值工程, 2009, 28 (7): 53-56.

[145] 张维. 增长重要还是回报率重要[J]. 商学院, 2007 (5): 54.

[146] 齐安甜, 张维. 实物期权框架下的企业并购价值评估[J]. 系统工程学报, 2004 (3): 403-407.

[147] 宁文昕, 于明涛. 实物期权理论在高新技术企业价值评估中的应用[J]. 工业技术经济, 2006 (1): 90-93.

[148] 李姚矿, 熊兴华, 夏琼. 风险投资中企业价值评估的模糊期权定价模型[J]. 合肥工业大学学报, 2008 (9): 1494-1496.

[149] 李恩平, 赵红瑞, 苏文. 高新技术企业多阶段风险投资价值评估研究——基于实物期权视角[J]. 经济问题, 2011 (5): 97-99.

[150] 朱海明, 谷洪才. 高新技术企业价值与企业生命周期[J]. 山东大学学报, 2006 (5): 113-116.

[151] 李剑岚. 科技型企业价值评估实物期权定价法探讨[J]. 商场现代化, 2011 (3): 54-56.

[152] T Cook, R Dwek, B Blumberg, T Hockaday. Commercialising University Research: Threats and Opportunities — The Oxford Model[J]. Capitalism and Society, 2008, 3 (1): 82-83.

[153] A N Link, F T Rothaermel. University technology transfer: An introduction to the special issue[J]. Transactions on Engineering Management, 2008, 55 (1): 5-8.

[154] H Corsten. Technology transfer from universities to small and medium-sized enterprises—an empirical survey from the standpoint of such enterprises [J]. Technovation, 1987, 6 (1): 57–68.

[155] Andrea Bonaccorsi, Andrea Piccaluga. A theoretical framework for the evaluation of university-industry relationships [J]. Transactions on Engineering Management, 1994, 24 (3): 229–247.

[156] Franz J. Batz, Willem Janssen, Kurt J. Peters. Predicting technology adoption to improve research priority—setting [J]. Agricultural Economics, 2007, 28 (2): 151–164.

[157] Timothy J. Coelli, Dodla Sai Prasada Rao, Christopher J. O'Donnell. An Introduction to Efficiency and Productivity Analysis [M]. Springer, 2005.

[158] A Huyghe, M Knockaert, E Piva, et al. Are researchers deliberately bypassing the technology transfer office? An analysis of TTO awareness [J]. Small Business Economics, 2016, 47 (3): 589–607.

[159] T R Anderson, T U Daim, F F Lavoie. Measuring the efficiency of university technology transfer [J]. Technovation, 2007, 27 (5): 306–318.

[160] R P O'shea, T J Allen, A Chevalier, et al. Entrepreneurial orientation, technology transfer and spinoff performance of US universities [J]. Research policy, 2005, 34 (7): 994–1009.

[161] J Blohmke. Technology complexity, technology transfer mechanisms and sustainable development [J]. Energy for Sustainable Development, 2014 (23): 237–246.

[162] O Al-Tabbaa, S Ankrah. Social capital to facilitate 'engineered'

university – industry collaboration for technology transfer: A dynamic perspective [J]. Technological Forecasting and Social Change, 2016 (104): 1-15.

[163] F Brescia, G Colombo, P Landoni. Organizational structures of Knowledge Transfer Offices: an analysis of the world's top-ranked universities [J]. The Journal of Technology Transfer, 2016 (41): 132-151.

[164] Y Q Pan. Research on Financing Preference and Performance of Sci-tech Finance for Sci-tech SMEs [R]. The 2019 4th International Conference on Financial Innovation and Economic Development (ICFIED 2019), February 2019.

[165] L Y Yu, W S Li, Z X Chen. Multi-stage collaborative efficiency measurement of sci-tech finance: network-DEA analysis and spatial impact research [J]. Economic Research-Ekonomska Istraživanja, 2022 (35): 300-324.

[166] S Xu, B B Lu, Q D Yue. Impact of sci-tech finance on the innovation efficiency of China's marine industry [J]. Marine Policy, 2021 (133): 104708.

[167] X Yan, Y Huang. Is there a nonlinear economic threshold effect of financial development on the efficiency of sci-tech innovation? An empirical test from the Yangtze River Economic Belt [J]. Growth and Change, 2021, 52 (3): 1387-1409.

[168] Q Z Deng, R Chen, L Huang. Coupling System Model of Sci-tech Innovation and Sci-tech Finance and Its Application [J]. Chemical Engineering Transactions, 2015 (46): 541-546.

[169] W Zhang, X Tian, J Du. The Threshold Effect of Sci-tech Finance on Sci-tech Innovation--Empirical Analysis for Provincial Panel Data in China [R]. The 2016 2nd International Conference on Economics, Management Engineering and Education Technology (ICEMEET 2016), January 2017.

[170] Y Zhang. The Effect of Sci-Tech Finance Investment on Innovation of TMT Industry: An Empirical Research Based Panel Date Model [R]. The 6th International Conference on Industrial Economics System and Industrial Security Engineering (IEIS 2019), 2020 (3): 151-163.

[171] D Zhang, H Ao, M Y Yu. Research on the Allocation Efficiency of Sci-Tech Finance in Hubei Province [R]. The 2020 3rd International Conference on E-Business, Information Management and Computer Science (EBIMCS 2020), 2020 (10): 140-144.

[172] X Zhang. Analysis of the Impact of Margin Financing and Securities Lending on the Investment Behavior of the Sci-Tech Innovation Board—Based on the Var Model [J]. International Journal of Frontiers in Sociology, 2021, 3 (7): 21-24.

[173] H Fang, Q Yang, J Wang, et al. Coupling Coordination between Technology Transfer in Universities and High-Tech Industries Development in China [J]. Complexity, 2021 (7): 1-16.

[174] Q T Yu, W Y Dong. The Interactive Relationship between Sci-Tech Innovation and Economic Growth: An Empirical Study Based on China Macroeconomic Data [J]. Applied Economics and Finance, 2018, 5 (3): 82-88.

[175] D B Audretsch, E E Lehmann, S Paleari. Entrepreneurial finance and

technology transfer[J]. The Journal of Technology Transfer, 2016(41): 1-9.

[176] D B Audretsch, A N Link. Valuing an entrepreneurial enterprise [J]. Small Business Economics, 2012, 38 (2): 139-145.

[177] Z J Acs, D B Audretsch, M P Feldman. Real Effects of Academic Research: Comment [J]. The American Economic Review, 1992, 82 (1): 363-367.

[178] F M Fisher, C F Noe, E S Schouten. The Sale of the Washington Redskins: Discounted Cash Flow Valuation of S-Corporations, Treatment of Personal Taxes, and Implications for Litigation [J]. Stanford Journal of Law, Business & Finance, 2005, 10 (2): 18-30.

[179] David Frykman, Jakob Tolleryd. The Financial Times Guide to Corporate Valuation [M]. Prentice Hall, 2010.

后 记

作为创新驱动发展的主体,科技企业的生存和发展不能离开科技金融政策的扶持和科技金融服务的有效支撑。如何优化金融资源配置,建立科技企业和金融机构的对接桥梁,让优质科技企业获得科技金融政策和资金支持,引导创新要素向优秀科技企业集聚,将优势资源集聚到重点领域,在关键核心技术上取得突破,实现重要科技领域的跨越发展,加快实现高水平科技自立自强,以高质量科技创新服务高质量经济发展,成为科技金融理论研究的重要方向,也是本书探讨的主要内容。

2020年9月,我申报的国家社会科学基金项目"推动中国实体经济高质量发展的普惠金融发展对策研究"(20BJY256)获准立项。隔年7月,我申报的大连市科技创新基金项目"大连市科技金融服务平台设计与应用研究"(2021JJ13FG93)再次获准立项。两个项目批准之后,我多次赴北京、江苏、浙江、福建、辽宁和吉林等省市实地调研,尽可能多地访谈有关的当事人或相关人士,查阅这些企业案例的相关资料。同时,我还与科技局领导、专门从事科技金融服务的银行业、保险业、金融机构负责人、天使基金、科技创投基金经理等进行了深入的交流和探讨,为本书的写作积累了丰富的素材和案例。在创作本书的过程中,除参考论文之外,我还重点参考了以下作者的图书:中国建设银行科技金融创新中心的《科技金融与

后　记

"技术流"评价体系》、靖研与明振东的《科技金融：金融促进科技创新》、李华军、刘思与张光宇的《科技金融支持创新驱动发展的理论与实践》、杨正平、王淼与华秀萍的《科技金融——创新与发展》、连平与周昆平的《科技金融：驱动国家创新的力量》、张红的《科技金融服务主体的合作与竞争研究》、闻岳春的《中国科技管理公共服务平台建设系列研究成果》、杨宜与肖文东的《科技金融创新案例集萃》、杨宜的《科技金融网络的结构、演化及创新机制研究》。对科技金融有更多兴趣的读者，可以去购买上述图书，它们将提供更为详尽的内容。

　　我要感谢合作者东北财经大学的李宇教授、姜明教授和王大宇科长。蒙其应允，我们合作的研究成果得以在本书中展现。另外，我还要感谢以下人员：大连市科技局的李大远处长、王琪处长、王东处长、徐国志处长、史一博科长、孔祥龙科长、富小东科长和王延斌科长；大连市银保监局的张兆君副局长、普惠处宫晓亮处长、杜岳副处长、赵乐含副处长、张宁副处长、于斌副处长、吕菡子科长和杨依菲科长；中合创业投资基金管理（大连）有限公司的张伟董事长、李长荣经理和尹红董事；以及东北财经大学的王雪标教授、郑永冰教授、刘伟教授、唐大鹏教授、高学武副研究员、邹化勇处长、丛丽丽科长、张凡处长、孙铭威老师和于洋老师，和大连大学的周守亮教授等。感谢以上人员对我的研究工作予以热心支持。我还要特别感谢学院领导宗计川院长、同事冯珍珍老师、孙航老师和李婧老师，以及我的学生张芳坤、任英伦、付倚天和奚少颖，对我工作上的帮助和支持。最后，我要感谢我生命中最重要的人——我的妻子刘黎明，她一直陪伴在我的身边，与我相互扶持，共同渡过困难时期，她的全力支持是本书能够完成的关键。

钱明辉
2023 年 3 月于大连